日本買房大哉問
クエスチョン

在地專家為你解答投資者最關心的50個疑問

TiN 著

推薦序 ————————————————— 08

作者序 ————————————————— 16

一、啟蒙篇　你以為簡單，但其實不簡單的日本買房 Q&A

Q01　日圓狂跌，是買日本房的好時機？　27

Q02　日圓急貶，日本怎麼了？　38

Q03　房價這麼高，還可以買房「自住」嗎？　48

Q04　日本的房屋為什麼會折舊跌價？　56

二、現況篇　了解日本房市趨勢，鑑古知今

Q05　從「土地神話」到「金融海嘯」，發生了
　　　什麼事？　67

Q06　「安倍經濟學」為日本房市帶來怎樣的
　　　影響？　76

Q07　什麼原因導致中國人與日本老人急著進場？　80

Q08　「負利率」，錢存在銀行還要付帳管費？　84

Q09　日本人還跟以往一樣，喜歡住郊區嗎？　88

Q10　武漢肺炎導致日本房市大崩盤？　94

三、觀念篇　買房技巧與投資策略

Q11　在日本，買屋划算？還是租屋划算？　　102

Q12　如何判斷房價是頂部還是底部？　　109

Q13　合資買房，可行嗎？　　116

Q14　「出生率」會影響房價嗎？　　122

Q15　賣房子時，售價怎麼定？　　127

Q16　接下來，房價會漲還是會跌？　　132

四、東京篇　用在地眼光，帶你探索大街小巷

Q17　東京都長怎樣？　　141

Q18　地名，有什麼特殊含義嗎？　　156

Q19　東京的房價，從哪裡開始漲？　　161

Q20　「軸線翻轉」？可能嗎？　　166

Q21　高級住宅區在哪裡？　　171

Q22　為什麼高級住宅區都離車站這麼遠？　　177

Q23 最想居住的人氣城市排行榜，是真的嗎？ 181

Q24 捷運系統分幾種？ 186

Q25 環狀道路與房地產市場有關係嗎？ 194

Q26 如何避開地雷區？ 199

五、選屋篇 這樣條件的房子，就是好屋

Q27 這個時期蓋的房屋，好嗎？ 204

Q28 什麼是旗竿地？ 209

Q29 朝南的房屋比較好？ 214

Q30 半地下物件，可以買嗎？ 217

Q31 牆壁跟地板要多厚，隔音才會好？ 220

Q32 樓高 14 層與 15 層，要選哪一個？ 227

Q33 管理費與修繕基金，多少錢才合理？ 230

Q34 好的社區，還需要具備怎樣的條件？ 237

六、稅金篇　日本買房會碰到的稅金問題，算給你看

Q35　日本買房會有哪些稅金？　240

Q36　「不動產取得稅」，大概多少錢？　245

Q37　「固都稅」是什麼？　250

Q38　當房東收租要繳「所得稅」嗎？　255

Q39　房子虧錢賣，要繳「讓渡所得稅」嗎？　257

Q40　「源泉徵收」是什麼？　264

Q41　什麼？買屋也要繳「消費稅」？　269

Q42　房屋租不出去，要繳「空屋稅」？　273

Q43　我送房子給兒子，要繳「贈與稅」嗎？　281

Q44　不小心撒手人寰，要繳「遺產稅」嗎？　286

七、精算篇 教你用數字，算出房子值不值得買

Q45　實戰練習：實際投報率剩多少？　　　292

Q46　如何從「量價關係」來判斷社區價值？　　　300

Q47　這個中古屋，物超所值嗎？　　　307

Q48　深度思考：「成交價」是「合理價」嗎？　　　316

Q49　買房投資移民日本，可行嗎？　　　324

Q50　日本租屋，你的房租都去了哪裡？　　　336

※ 附錄 移民日本開公司的 20 個小問答　　　346

推薦序

對於日本房產的了解，他說第二，我笑沒人敢說自己是第一

認識 TiN 已經好多年了。老實說到底認識多久已經不可考，只依稀記得這個人是個怪咖！

台灣的房地產界，專家名嘴多如過江之鯽，但能被稱之為怪咖的，卻是寥寥可數。江山代有才人出，一代新人換舊人。應該是從 2014 年開始，我注意到了這位房地產界的怪咖。第一個疑問是，怎麼會有人如此自視甚高呢？我自己在大學畢業後，陸陸續續在各地置產，各縣市走透透之外，也與各地各家房仲交手不少次，唯獨這個 TiN 讓我印象最深。後來實際接觸之後，發現這個人是真的有料，不但早已在台灣是非常知名的日文名師，在房地產上的思維更是無人能比。舉凡投資報酬率謬誤、建商品牌迷思、實價登錄漏洞、仲介作法異同、買賣雙方心態、外來在地分析、經手案例多寡、房市政策影響、成本決定成果、繁複稅務來往、法律彼此攻防、實地走訪勘查 ..... 等等，這個怪咖幾乎完勝了我所認識的一票專家名嘴。

如果只有怪，那只能吸引我一次，因此每次除了聊天之外，我更是會有意無意地去試探這個人的底到底有多深。每次的結果都在情理之中，收穫卻是意料之外！我不死心，在 2018 年 9 月時舉辦了海外房產高峰論壇，將海外各國實際居住在地的房產高手一一請回台灣，當時吸引了數百位民眾參與盛事，與會者更不乏市面上各家房產品牌的佼佼者。我想藉由這次的機會來好好檢視各國房產專家，尤其是 TiN 這個人！我一個人覺得

他專業可能有失偏頗，幾百個人而且又是各家房產的佼佼者來檢驗，總不會出錯吧！

為期三天的海外房產高峰論壇，座無虛席，尤其針對日本的各種光怪陸離大大小小問題，TiN 每個問題都能詳實答出。自此之後更加深了我對 TiN 的信心，至少在我這種自我要求甚高的人心裡：對於日本房產的了解，他說第二，我笑沒人敢說自己是第一！

如果你覺得我在說笑話，去看看他之前出的書：2014 年《快狠準！東京買房最強攻略》、2016 年《魯蛇翻身！東京買房最強攻略》、2018 年《地表最強！TiN's 東京房市教戰手冊》。看看他寫的內容，再看看其他人寫的，高下立判！如果有機會再去認識他這個人，你就會知道我所言不假，只是他這個人很機車，能入他眼的沒幾個。很多人說越有本事的人，越應該謙虛。TiN 的本事還沒有大到需要謙虛，謙虛就留給那些需要本事的人！比起臭屁，我更覺得他是真性情，這樣的人社會僅見！

很榮幸能為這樣的人寫推薦序，這大概是我人生最榮幸的時刻，真心推薦給各位讀者，保證收穫滿滿！

海內外房產專欄作家

推薦序

投資千萬上億的金額之前，先閱讀這兩本投資聖經

自古以來「文人相輕」，在任何行業都存在一樣的現象。要一個自視甚高對自己專業領域極其潔癖的我，來推薦一本投資日本不動產教科書，當然是抱著極其肯定及愛屋及烏的心情！

在我與 TiN 兩人互相築起的高牆裡，原本是不會有任何交集的。還是因為有次 TiN 的一名年輕員工接到一筆大單，而這筆大單的屋主正是我，才有了這樣的機緣認識了 TiN。後來我發現原來在我書架上一直有本用來給員工參考的教材，作者居然就是 TiN；更妙的是做了臉友後才發現我們集團內有好多員工，居然也都是 TiN 的學生！當然最後我也成了 TiN 的學生。

若不認識 TiN 本人，光從臉書認識他的話，應該都會被他尖銳、偏頗、甚至有些粗暴的言詞嚇到，但是真實生活裡的 TiN 卻有著不同外在呈現的一面。TiN 非常尊重前輩，不管我什麼時候回到東京，他一定會抽出時間和我喝杯咖啡交換最新的投資現況及資訊，出新書也一定親自送書到公司。此外，TiN 不隨波逐流、不應酬奉承，即便擁有勝於市場的專業能力，也不願擴大浮泛的生活圈，只做自己喜歡的事，這可能是我最喜歡 TiN 的一點。

2013 年日本拿下奧運主辦權後，整個日本不動產已經上漲翻倍，但是隨著這波漲勢，雞鳴狗跳之輩不乏有之，有時候我看到一些不實誇大的言論也只能搖頭！以台灣投資日本不動產

來看，我算是前浪吧，成立日本法人專營台灣投資家錢進東瀛比任何大手公司都要早，對於前仆後繼的來者而言，年資也稱得上前輩！一則以忙、一則性不喜交際，其實跟圈子交流的機會很少。但是因為圈子也不大，時而也不乏看到風浪中翻船者，包括業者與投資者！尤其每每看到業者為了自己的利益，傳播一些不正確及誇大的言論，只能暗自期許顧客的眼睛應該都是雪亮的，但事實卻不然。進入一個陌生的海外投資市場，在缺乏專業及良知的引領下，哀鴻遍野的投資孤兒比比皆是！

2022 年日幣已經來到 24 年新低，而投資物件的面向當然不是只有匯率考量，未來的漲跌、收益的穩定以及挑選牢靠平實的後續管理，樣樣都是投資人務必考量的重點！我想不是每個投資人，都能先來日本住上一陣子徹底接了地氣再出手，但是如果不夠了解當地的民情文化、稅務機制，又加上不良業者的引導，就很可能會錯判！

我非常推薦要來日本投資的朋友，在投資千萬上億的金額之前，先花幾百塊及一點時間，閱讀 TiN 的這兩本日本投資聖經，我相信即便如我這樣的老手都能受益非淺，對所有的新人航海王，一定能入寶庫無空手而回！

東京房東網集團　會長

房思齊

用自己的口袋來證實自己學說的引路人，你能不好好跟著走嗎？

2014 年 12 月台灣各大書店通路商架上，出現了一本關於不動產投資買賣的書籍：文章內容不是我們熟悉的 368 鄉鎮市區，而是距離我們 2,099 公里外的東京都。當然以台灣人民對日本的喜愛程度而言，要在東京街上找到藥妝店採買或是找到日本人讚賞的那一碗拉麵一點都不成問題，但是討論不動產的相關資訊卻是頭一遭。而且撰寫者的角度更是從一個自身進場投資、見證市場交易的投資家心路歷程。

新書上架時，海外不動產的投資風氣正盛行。但是大多數人的目光是放在經濟正在興起的東南亞地區，每到週末各大飯店、會議廳都排滿了各國的投資說明會，論壇中業者大肆抨擊：日本老人化少子化，房產不會漲價、日本人不買房…等等偏頗的言論。而 TiN 桑就是在這樣的一個氛圍中逆流北上，隻身跑到了東京投資置產並考取了日本的「宅地建物取引士」證照（相當於台灣的不動產經紀人）。後來事實證明他獨到的眼光與果決的判斷讓他賺到了房產增值以及穩健的收益。畢竟日本買房不像台灣：台積電在哪設廠哪邊就會漲。

有關注 TiN 桑的臉書朋友都知道，他對不動產的觀察絕對不是靠著電腦上政府頒布的資訊或搜尋幾個報表而得出結論。他靠著雙腿走訪城市的街道，實地看屋加上敏銳的眼光與條理思緒，用自己的口袋來證實自己的學說！這樣的引路人你能不好好跟著走嗎？當我 2014 年踏入日本不動產的市場時，也購入

TiN 桑的大作拜讀，書中內容著實讓我受益良多。從地點的選擇、物件的挑選、合約的細節…方方面面無一遺漏，稱他為我的入行導師也不為過。

　　現今的日本不動產市場經歷過雷曼兄弟、安倍經濟學、武漢肺炎疫情、東京奧運、日圓狂貶等相關事件。由其是受到疫情影響打亂了全球人民的生活作息，邊境的封鎖對海外投資人在無法親臨現場看屋的狀況下更不知道到如何下手。2022 年 9 月底明燈即將出現《日本買房關鍵字》與《日本買房大哉問》二本著作可謂是紊亂市場中的投資護身符：《日本買房關鍵字》從產品、交易過程、稅務、法規及投資角度，引導投資家們看重點學技巧！《日本買房大哉問》回答你購屋時腦袋裡常出現的問號：日圓貶所有房產都能買嗎？日本房產受到武漢肺炎的影響？以及該用什麼角度去挑房？以問答方式端正投資心態！

　　從 2014 年《快狠準！東京買房最強攻略》2016 年《魯蛇翻身！東京買房最強攻略》2018 年《地表最強！TiN's 東京房市教戰手冊》TiN 桑以貫來不浮誇不唱衰中肯言論方式巨細靡遺地羅列百大重點，讓投資者事半功倍！日本不動產市場幾千萬幾億的交易，用幾百元台幣購入投資護身符是相當划算的一項投資啊！

CLEARTH LIFE　　東京都心不動產
股份有限公司

東京都心不動產　董事

推薦序

本書在手，就有如一整個智囊團伴您左右

　　2014 年，我在日本東京籌備成立公司之際，因緣際會下認識了 TiN 老師。當時我正積極透過各種管道尋求合作機會，同時也充實自身在不動產領域的相關知識。在網路找尋資料時，無意間看到了 TiN 老師在他的 FB 粉絲專頁中所發表的日本不動產相關文章，文筆生動令人眼睛為之一亮！內容除了對於日本當地不動產市場有著獨到的見解以外，也從實務的角度提供給臉友們各種風險分析以及市場機會的情報。這些都是基於他在日本的在地觀察與經驗分享，實有別於網路上其他天花亂墜的銷售文以及可能誤導讀者的資訊！

　　雖然我們職業上算是同行，但 TiN 老師對於市場精闢獨到的專業見解從不藏私且樂於分享，每次和他見面都能獲得新知識以及獨特的市場觀點。後來也因為對於經營日本不動產的理念相近而成為好友，說來真的是不可思議的緣分。最令我佩服的是他的生活哲學——熱愛工作追求財富自由之餘，也能兼顧生活品質，～ Work Hard, Play Hard ～正是他的寫照！

　　從東京申奧成功帶動投資日本房市熱潮，此後經歷了奧運延期以及疫情之下的不動產市場低迷。在後疫情新時代，日本房市亦經歷了許多轉折，日幣也創下兌台幣匯率 25 年來的歷史新低，未來甚至還可能持續下探。想藉此時機了解日本不動產的最新市況以及投資購屋相關資訊的讀者朋友們，TiN 老師出版的這兩本新書，內容一定不會讓你失望。這兩本書除了介紹最

新的日本房地產市場趨勢外，也詳細說明了在日本選擇物件時，需要留意的事項以及相關的法令限制。除此之外，亦傳授給讀者朋友們關於投資買房時的收益分析以及實際交易時所必備的知識，例如稅率計算 … 等。本書在手，就有如一整個智囊團伴您左右。

　　TiN 老師的新書內容充分融合了當地經濟趨勢以及不動產市場走向，這可是長年旅居日本的不動產專家，透過敏銳纖細的洞察力，才能奏出如此細膩且正確的樂章啊！想要迅速掌握最夯的日本不動產市場，這兩本書絕對是您的最佳選擇！

　　《日本買房關鍵字》與《日本買房大哉問》雖為投資日本不動產的工具書，但可不單單只是一本工具書。讀者們還可隨著 TiN 老師輕鬆口語式的解說，吸收日本文化小常識，了解一些在旅遊中體驗不到、以及您所不知道的真實東京。但說了這麼多，還是要各位自己親自閱讀與體驗這兩本作品想要帶給您的訊息，並期待各位讀者帶著 TiN 老師的支援，一起加入日本不動產投資行列！

株式会社ランドヒルズ　代表取締役

官柏志

株式会社ランドヒルズ

作者序

　　2013 年，安倍經濟學射出了三支箭，讓日圓兌台幣匯率一下就從 0.38 的高價一路下滑至 0.32 的價位。再加上同年申奧成功，引爆了台灣人對日本房地產的幾波爆買潮。當時，在台灣專營日本不動產買賣的業者，也如雨後春筍般地冒出，甚至也不乏老牌的房仲大企業加入戰局。

　　隔年，我有幸受邀在行遍天下出版社出版了《快狠準！東京買房最強攻略》以及《魯蛇翻身！東京買房最強攻略》兩書。出版當時，多虧了各位讀者們的大力相挺，使它們接連創下銷售佳績，順利攻佔不動產叢書類別的榜首。

　　透過書籍的出版，也讓我認識了許多業界的朋友。有許多業界朋友都說，這兩本書簡直是他們新進員工的「最佳教科書」。甚至還有機構投資家的老闆，請員工每天讀一定的章節，再來針對書裡的內容大家一起討論。

　　除了同業朋友以外，也有許多讀者朋友到我個人經營的臉書粉絲頁留言，說這兩本書的幫助他們少走了許多冤枉路，也閃避掉了許多原本可能會遭遇的風險。這些回饋，讓自己感到非常高興。我想，對於一位作者而言，最高興的，莫過於自己的著作能夠幫助到許多人吧。

　　為了能幫助更多投資人，我分別於 2014 年、2016 年、以及 2018 年，針對當時的最新市況，以兩年一本的速度出版了三本書。原本預計 2020 年出版第四本，但卻遇到武漢肺炎疫情，

使得房市前景不明而作罷。2022 年，隨著各國邊境逐漸解封，日圓大跌再度引爆外資對日不動產投資爆買潮，因此決定一次出版兩本，以完善近年來的市況巨大變遷。

這一本《日本買房大哉問》算是第五本，內容詳細分析在日本購買房屋時，會有哪些稅金需要支付；選屋時，要注意到物件的哪些細節；東京的大輪廓長得怎樣；從泡沫時代至今，日本房市經歷了怎樣的循環 ... 等。同時，本書也詳細介紹買房時，一定要有的正確心態。

兩本書總共 100 篇。雖說部分內容與舊作重複，但隨著市況的轉變，所有的篇章皆重新撰寫或大幅度改寫。而這些重複的主題，也意味著在日本買房，這些知識非常重要。

本書不浮誇、不勸敗、不唱衰、不高談闊論教你如何炒房賺大錢，但告訴你，日本買房不能不懂的知識與不可不知的風險。在你花上千萬日圓赴日買房前，不妨先花個幾百塊台幣購買這兩本書，就當作是日本買房前的「重要事項說明書」。相信這兩本書，一定能幫助你更加了解日本不動產市場的整體輪廓，讓你買屋決策時，能夠掌握全局、趨吉避凶。

最後祝各位讀者買到心中理想屋、投資順利賺大錢！

2022.09.03

內容提要

一、啟蒙篇 | ～你以為簡單，但其實不簡單的日本買房 Q&A

Q01. 日圓狂跌，是買日本房的好時機？
- 兩極化的不動產市場
- 房子漲不動的原因
- 日圓狂跌、房價狂漲
- 還有機會賺價差嗎
- 穩定收租可行嗎

Q02. 日圓急貶，日本怎麼了？
- 日本與美國的貨幣供給量
- 美日利差產生套利空間
- 烏俄戰爭使日本經常帳萎縮
- 日圓貶值對日本的影響
- 實質有效匯率，50 年新低
- 日本經濟實力衰退

Q03. 房價這麼高，還可以買房「自住」嗎？
- 什麼時候才是買點
- 如何判斷房價是否合理
- 房價與購買力的關係
- 不同時期貸款購屋者付出的總額比較
- 比起房價，更應該注重還款能力

Q04. 日本的房屋為什麼會折舊跌價？
- 日本人的全新潔癖
- 通貨緊縮導致房價跌跌不休
- 仲介坑殺賣方導致成交價下跌
- 稅制上鼓勵購買新成屋
- 銀行估價放貸保守

二、現況篇 | ～了解日本房市趨勢，鑑古知今

Q05. 從「土地神話」到「金融海嘯」，發生了什麼事？
- 歷史不會重演，但會押韻
- 土地神話這樣來的
- 錯失恐懼症，全民炒房
- 升息以及總量管制讓房價崩盤
- 從追求資本利得轉為租金所得
- 金融大爆炸與不動產證券化
- 金融海嘯與都心回歸

Q06. 「安倍經濟學」為日本房市帶來怎樣的影響？
- 第二次安倍政權的三支箭
- 奧運利多帶動房市購買潮
- 台灣專做日本不動產業者暴增
- 建造成本，漲聲響起
- 建商與旅館業者搶土地

Q07. 什麼原因導致中國人與日本老人急著進場？
- 華人爆買東京都心不動產
- 中國富豪買房為財富轉移
- 日本老人買房為規避稅金
- 遺產稅大增稅

Q08. 「負利率」，錢存在銀行還要付帳管費？
- 負利率，將資金趕往房市
- 銀座地價漲到歷史新高點
- 何謂路線價與公示地價
- 日本不動產的兩極化

Q09. 日本人還跟以往一樣，喜歡住郊區嗎？
- 首都圈的範圍
- 新推案集中在東京都 23 區
- 雙薪家庭與職住近接
- 量化寬鬆與一極集中
- 老年人的都心回歸

Q10. 武漢肺炎導致日本房市大崩盤？
- 全境封鎖、奧運延期、全球大流行
- 市場急凍，量縮價微跌
- 大撒幣，成功迴避流動性不足
- 遞延性買盤 V 型反轉大爆發
- 2022 大通膨，讓房價創史上新高

三、觀念篇 | ～買房技巧與投資策略

Q11. 在日本，買屋划算？還是租屋划算？
- 台灣的房價租金比
- 日本的房價租金比
- 租屋與買屋，超級比一比
- 不同的時間，不同的答案

Q12. 如何判斷房價是頂部還是底部？
- 房價循環的四個時期
- 高點反轉的關鍵密碼
- 低點反彈的關鍵密碼
- 試算一間房屋的頂部及底部

Q13. 合資買房，可行嗎？
- 買得起的漲不了，越貴的漲越多
- 經營理念大不同
- 買賣時機喬不攏
- 稅金問題搞不定

Q14.「出生率」會影響房價嗎？
- 合計特殊出生率
- 每個人都有房產繼承
- 專家邏輯上的謬誤
- 房屋有使用年限

Q15. 賣房子時，售價怎麼定？
- 日本會開價嚇死人，成交笑死人嗎
- 何謂價格查定
- 別盡信價格查定以及開發信
- 小心開高價的仲介
- 開低價的仲介也要留意
- 如何掌握合理行情價

Q16. 接下來，房價會漲還是會跌？
- 空屋率與少子化
- 富裕層與國際買盤
- 國債與通膨問題
- 產業空洞化與日企回流
- 高度人才積分制度大搶人才
- 機關投資家的想法
- 日本的房價所得比
- 磐石理論與空中樓閣

四、東京篇 ～用在地眼光，帶你探索大街小巷

Q17. 東京都長怎樣？
- 超都心：千代田區、中央區、港區
- 都心五區：再加上新宿區、澀谷區
- 城南四區：品川、目黑、世田谷、大田
- 城西二區：中野、杉並
- 城北六區：文京、台東、豐島、北、板橋、練馬
- 城東六區：墨田、江東、荒川、足立、葛飾、江戶川
- 東京都 23 區平均年收入排行榜

Q18. 地名，有什麼特殊含義嗎？
- 買房前先看地名
- 防災地圖哪裡查
- 池、水、谷、窪、丘、台、山
- 從澀谷周邊的地名來看地勢
- 東邊多為川、洲、橋

Q19. 東京的房價，從哪裡開始漲？
- 西高東低與南高北低
- 東京都 23 區的房價如何輪漲
- 首都圈的房價走勢為何

Q20.「軸線翻轉」？可能嗎？
- 地勢及歷史因素
- 學歷等人文因素
- 都市計畫等政策因素

Q21. 高級住宅區在哪裡？
- 千代田區的番町
- 港區的麻布以及白金台
- 澀谷區與新宿區的高級住宅區
- 城南五山與其他品牌地段
- 其他都內的優質住宅區

Q22. 為什麼高級住宅區都離車站這麼遠？
- 生活機能還是生活環境
- 市場流通性，首重車站距離
- 對你而言，房子是資產還是消耗品
- 想買的買不到，想賣的賣不掉

Q23. 最想居住的人氣城市排行榜，是真的嗎？
- 想住的人氣排行榜前十名
- 有人氣的，都不是高級地段
- 排行榜別有用心，不可盡信
- 人生階段不同，選擇不同
- 上熱搜排行，不見得就是好地方

Q24. 捷運系統分幾種？
- 首都四大交通網
- 轉乘不只一種路線
- JR 東日本與地下鐵的不同
- 東京的民營鐵路公司
- 各停與特急，傻傻分不清

Q25. 環狀道路與房地產市場有關係嗎？
- 東京的八條環狀道路
- 環狀六號線以內的資產價值
- 環狀七號線以外的房價走勢

Q26. 如何避開地雷區？
- 千金買屋，萬金買鄰
- 從周遭氣圍來判斷區域屬性
- 查詢犯罪情報與凶宅情報

五、選屋篇 | ～這樣條件的房子，就是好屋

Q27. 這個時期蓋的房屋，好嗎？
- 不同時期，品質不同
- 縮水式通膨（shrinkflation）
- 室內面積與天花板高度縮水
- 地點差、基地形狀奇怪
- 泡沫時期蓋的房屋，等級高

Q28. 什麼是旗竿地？
- 何謂迷你開發
- 基地鄰路面積的規定
- 旗竿柄要多寬才合格
- 整合隔壁土地賺大錢

Q29. 朝南的房屋比較好？
- 北回歸線以北，太陽在南邊
- 朝北的缺點
- 塔式住宅，情況不同

Q30. 半地下物件，可以買嗎？
- 半地下物件的存在理由
- 半地下物件的合理價位
- 半地下物件的缺點

Q31. 牆壁跟地板要多厚，隔音才會好？
- 噪音引發的暴力與殺人事件
- 住戶產生摩擦時的處理方式
- 高音與重低音，不同類型噪音
- 天花板與牆壁厚度的標準
- 地板的遮音等級

Q32. 樓高 14 層與 15 層，要選哪一個？
- 大樓法規上的四個界線
- 看屋時，要留意天花板高度

Q33. 管理費與修繕基金，多少錢才合理？
- 管理費與修繕積立金，目的不同
- 錢不夠時，會向住戶徵收一時金
- 小套房的管理費偏高
- 小心修繕積立金很便宜的新成屋
- 修繕積立金的合理價位，這樣算

Q34. 好的社區，還需要具備怎樣的條件？
- 電梯數量比例
- 收納率
- 瓦斯與全電化物件
- 其他參考即可的條件

六、稅金篇 | ～日本買房會碰到的稅金問題，算給你看

Q35. 日本買房會有哪些稅金？
- 買房時的稅金
- 持有時的稅金
- 賣房時的稅金
- 遺贈時的稅金

Q36.「不動產取得稅」，大概多少錢？
- 外國屋主不適用自住房的稅率
- 不動產取得稅的計算方式
- 三個實例試算
- 自住屋，還可減稅

Q37.「固都稅」是什麼？
- 固定資產稅的計算方式
- 都市計畫稅的計算方式
- 土地部分的課稅標準可減免
- 三個實例試算

Q38. 當房東收租要繳「所得稅」嗎？
- 租金要併入所得稅計算
- 所得稅的稅率級距表
- 所得稅的計算方式

Q39. 房子虧錢賣，要繳「讓渡所得稅」嗎？
- 短期稅率與長期稅率不同
- 本地人與外國屋主稅額不同
- 讓渡所得稅的計算方式
- 舉例計算讓渡所得稅
- 折舊攤提的計算方式
- 建物價格佔比高，折舊攤提金額就大
- 賣自住屋，3,000 萬獲利免稅

Q40.「源泉徵收」是什麼？
- 租客幫你預扣所得，繳稅金
- 商辦與店面就會被源泉徵收
- 出租時，會被源泉徵收的情況
- 售屋時，會被源泉徵收的情況

Q41. 什麼？買屋也要繳「消費稅」？
- 仲介費，要繳消費稅
- 向建商買屋，也要繳消費稅
- 向個人買屋，不用繳消費稅
- 從消費稅，回推土地與建物價格

Q42. 房屋租不出去，要繳「空屋稅」？
- 日本的 846 萬戶空屋
- 磁吸效應導致城鄉差距
- 特定空屋，固定資產稅六倍
- 空屋銀行，房子免費送你
- 京都市獨有的空屋稅
- 空屋稅的計算方式

Q43. 我送房子給兒子，要繳「贈與稅」嗎？
- 贈與稅的計算方式
- 贈與現金，實例計算
- 贈與房產，實例計算
- 以兒女名義買房，恐被認定贈與

Q44. 不小心撒手人寰，要繳「遺產稅」嗎？
- 遺產稅的計算方式
- 贈與現金時的實例計算

七、精算篇　～教你用數字，算出房子值不值得買

Q45. 實戰練習：實際投報率剩多少？
- 印紙稅金額表
- 實戰演練算出實際投報率
- 模擬包含空屋期的投報率
- 你賺的租金，都被這些人分走了

Q46. 如何從「量價關係」來判斷社區價值？
- 何謂流通率
- 何謂上升率
- 居住價值與資產價值
- 量價拉鋸戰

Q47. 這個中古屋，物超所值嗎？
- 100 ㎡以上的公寓大廈，相對稀少
- 100 ㎡以上的公寓大廈，建議只買這裡
- 100 ㎡以上的公寓大廈，可以去撿嗎
- 算出積算價格與其開價做比較

Q48. 深度思考：「成交價」是「合理價」嗎？
- 成交價可能跟合理價差很大
- 建商售屋時，售價怎麼算
- 誰說建商不會賠錢賣屋
- 抓到機會就狂削你一頓
- 兩個區位兩間房，價格比一比

Q49. 買房投資移民日本，可行嗎？
- 移居日本的簽證種類
- 買房投資移民，這樣弄
- 經營管理簽證移民的風險
- 取得永住權或歸化日本籍
- 一條龍的代辦業者可信嗎
- 買房投資移民，算給你看

Q50. 日本租屋，你的房租都去了哪裡？
- 何謂初期費用
- 房租管理費
- 押金或保證金
- 禮金的去處
- 保險費與仲介費
- 保證公司是什麼

※ 附錄 ～移民日本開公司的 20 個小問答

問 01：移民日本，將來要取得「日本國籍」還是「永住權」？

問 02：移民日本，「工作簽證」還是「經營管理簽證」比較好？

問 03：日本創業容易嗎？

問 04：外國人如何在日本設立公司？

問 05：銀行帳戶與租屋問題如何解決？

問 06：開了公司就一定拿得到經營管理簽證嗎？

問 07：沒拿到簽證前，可以開始營業嗎？

問 08：離開舒適圈的代價是什麼？

問 09：可以把家人一起帶去嗎？

問 10：太久沒回國，會被除籍？

問 11：在台灣申辦簽證？還是去了日本後再辦簽證？

問 12：先留學再創業，會比較順利嗎？

問 13：先買房還是先租房？

問 14：辦公室用租的還是用買的比較好？

問 15：自己要住的房屋，用公司名義租，還可以節稅？

問 16：設立公司有什麼步驟？

問 17：和朋友一同創業，兩人都可以拿到經營管理簽證嗎？

問 18：公司的資本額越高越好嗎？

問 19：做生意需要營業許可嗎？

問 20：將來打算申請永住或歸化，要留意什麼事？

一、

啟蒙篇 01

**你以為簡單，
但其實不簡單的日本買房 Q&A**

日圓打七折，就等於房價打七折？什麼時間才是最佳買點？

日本房子只會折舊？本篇為你破解各種似是而非的迷思！

question
01

日圓狂跌，是買日本房的好時機？

2022 年上半年，由於美元升息，加上日本央行維持低利率的寬鬆政策，使得日圓與美元兩貨幣之間的利差加劇，產生了套利空間。同時，日本政府對於日圓急貶，又表現出歡迎的態度，就在這樣金融環境的推波助瀾下，本書執筆時，日圓兌美金一路狂瀉至 24 年來的新低價位：144 日圓兌一美元。

許多台灣人看到狂貶的日圓，除了期待因武漢肺炎疫情而鎖國兩年多的日本，能夠早日開放觀光客自由行入境，到日本狂買特玩以外，大多數的投資者想的就是「日幣打七折，這可正是日本買房的好時機啊！」。因此有許多朋友近期也積極詢問我，關於日本買房，現在到底是不是好時機。

這個問題，其實答案為「是好時機，但也不是好時機」。我會給出這麼模稜兩可的答案，是因為答案端看你買房的區域、目的、以及產品。

▍為什麼這裡房價漲不動？

先來講講大家認為的「日圓貶三成，所以房價打七折」這個謬誤。

日本的不動產是兩極化的市場，分成「漲得動（人口集中，有需求）」的區域以及「漲不動（人口外流嚴重，剛性需求較低）」的區域。

如果你想要買的地區是「漲不動」的區域，那當然，依現在日圓的匯率來看，就是打七折，當然也不失為是一個買進的好時機。但問題是，買這種漲不動的區域，你的目的究竟是什麼？如果你的目的只是想要來日本玩的時候可以自住，那你可能要仔細思考一下，它「漲不動」的原因究竟是什麼。是不是生活不便，採買不易，交通沒有可及性？

近年來因為疫情，許多已退休的日本年老夫妻想要享受鄉野生活，賣掉了都心的房屋，搬到了鄉下。一開始生活愜意、與鄰里之間互動頻繁、融入當地社區，每天享受著自耕農般的田園生活。但不出幾個月，就因為就醫不便，採買遙遠，房屋修繕費神而感到後悔。這時想要再搬回都心，卻發現都心的房價已經一去不返，搬不回去了 ...。

　　房產的價位之所以會便宜，一定有它的道理。像是這樣「漲不動」的地方，除了交通與生活上的不方便以外，房屋後續的維修有可能也是個會令你頭痛的問題。所以是否要因為日幣便宜「打七折」而進場，建議還是多加評估自身的需求再做決定。

日圓跌三成，但都心房價翻倍

　　「我當然要買東京都心啊，最好是都心五區！」

　　如果你要買的是東京、大阪都會區等這類「漲得動」的區域，那你要知道，雖然目前的日圓匯率創 20 年來新低，但根據不動產經濟研究所的發表，首都圈一都三縣（東京都、神奈川縣、千葉縣以及埼玉縣）的房價早就已經突破了 90 年代泡沫時期的高價！也就是說，東京一帶現在的新成屋房價，已經比 1990 年泡沫時代均價的 6,260 萬日圓還高，來到了 6,360 萬日圓。近畿圈二府四縣（大阪府、京都府、奈良縣、兵庫縣、滋賀縣以及和歌山縣）的房價也不遑多讓。2022 年 6 月的平均單價，更是超過了 1 ㎡（平方公尺）75 萬日圓，在 90 年代泡沫時期的高點價位徘徊。

「那我不買新屋，我買中古屋總行吧！」

　　根據東日本不動產流通機構 REINS 所公布的資料，首都圈一都三縣（包含東京都、神奈川縣、埼玉縣與千葉縣）中古屋的成交單價，已經從 2020 年四月武肺疫情初始的每㎡ 50 萬日圓左右，連續 24 個月上升。目前 2022 年四月的最新數據已經來到了 68 萬日圓左右。如果光看東京都（23 區＋ 26 市）這一塊地區，同個期間則是從 76.43 萬來到了 99.73 萬，剛好漲三成！

　　雖然機構並沒有公佈單獨都心五區精華區的數字，但可想而知，若只聚焦在都心五區精華區，漲幅絕對不只三成，甚至有些區域的行情與疫情前相比，漲幅高達近六成，某些產品甚至將近翻倍。

< 首都圈中古公寓大廈成交單價變化 >

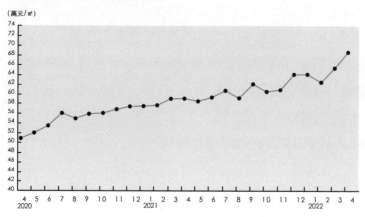

▎從 2012 到 2022 的日圓價位與房價

　　讓我們將觀察的時間再拉長，從 2012 年看到 2022 年。2012 年，日圓匯率最高約 75 圓，2022 年 4 月時，則是跌至低點 135 圓。從高點到低點，跌幅約為 4 成 4。但若換從美元的角度來看，從 1 美元兌 75 日圓，漲到 1 美元兌 135 日圓，美元的漲幅就相當於 8 成。

＜美金／日圓＞

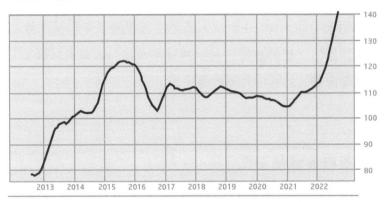

　　至於日本的房價漲幅，若根據國土交通省所發表的不動產價格指數，從 2012 年到 2022 年的 3 月份（※ 註：執筆時最新數據），房價指數一路從 100 漲到了 178，漲幅為 7 成 8。

< 不動產價格指數（住宅）>

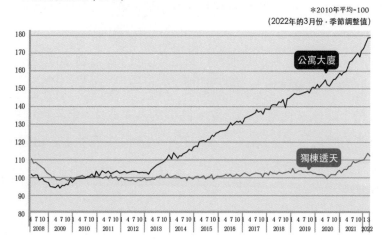

＊2010年平均=100
(2022年的3月份，季節調整值)

也就是說，這 10 年來，房價的漲幅幾乎跟日圓的跌幅互相抵銷了。這樣，是否有因為日圓大跌而買屋更划算？可能還是要看個別區域與個別產品。

▍還有機會賺價差嗎？

「好啦，我就錢多，就想要東京的精華區買一間房子來投資啊！反正匯率跌，房價漲，剛好抵銷！」

我們都知道，不動產投資所賺的錢，無非就是房價漲，賣掉時的價差「資本利得」以及房產持有期間的現金流「租

金所得」。如果你的目的是投資，就得先思考一下，你想要賺的是「價差」還是「租金」。

東京這波的房價上漲，除了是因為寬鬆的金融政策所帶來的影響以外，其實也跟供給面的實情有相當大的關係。

新成屋受到 1. 長期以來日圓下跌所導致的建材上漲，2. 烏俄戰爭所導致的原物料上漲、物流供貨不穩，3. 受疫情影響有錢人想要換大一點房子的需求，以及 4. 建商看好後市房價而惜售等因素，短期內房價不太有下滑的可能性。至於中古屋，這兩年來的待售戶數與前年同月比，皆減少了約 10% ～ 20%（每個月別有增有減）。中古屋的待售戶數會減少，與房價高漲有相當大的關係。因為房價高漲，導致想要換屋的人，即便把手上房子拿出來出售可以賺到價差，但自己的房屋漲價，也就代表著想要換到更大（或者交通更方便）的地方，房價更是高攀不起，因此只好繼續「忍耐」住著原本的房屋。這些「換屋族」動彈不得，也是讓中古屋待售戶數變少的主因之一。

拿出來賣的中古屋變少，同時又受到新成屋價位狂漲的拉抬，似乎中古屋近期也沒什麼下跌的空間。

「那，這樣是不是就代表往後都心的房價還會繼續漲，有機會賺差價呢？」

這點真的很難說。因為畢竟現在的房價已經是歷史相對高點，許多較高收入的上班族也已經難以負擔。但若對於資產充足的富裕層而言，僅管都心的高級華廈一戶要價兩、三億日圓，但似乎這些有錢人的購買能力還是綽綽有餘。更何況，房地產的公告現值遠低於市值，因此房地產也成了這些有錢老人規避遺產稅的好工具。也就是說，即便房價已高，雖然一般上班族買不起，但仍是有一定的需求買盤支撐。

根據日銀發表的 2021 年 10 ～ 12 月的資金循環統計，2021 年 12 月末時點，日本人家戶所持有的金融資產已經突破新高，來到了 2000 兆日圓。原因當然就是疫情所導致的強迫儲蓄效應以及政府狂發補助金的結果。此外，根據野村綜合研究所的調查，這十年來，日本擁有純資產破億的富裕層世代增長了 45 萬戶，來到了 124 萬戶。況且，若與歐美主要大城市的漲幅相比，東京的房價真的也不算貴。根據日本不動產研究所 2022 年 4 月份發表的世界主要都市高級華廈價格，若以東京為 100，那麼台北就是 147.8、倫敦則是 181.3，香港最高，為 218.2。

< 世界主要都市的高級華廈價格比較 >

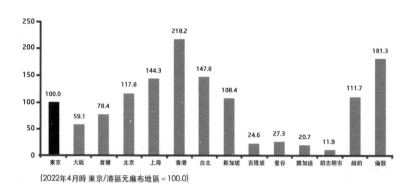

(2022年4月時 東京/港區元麻布地區 = 100.0)

　　前一陣子就有個報導，訪問建商，問說現在高房價，到底都是誰在買房？建商說：1億日圓左右的產品，就是收入較高的雙薪家庭，以貸款的方式買進。而2億日圓以上的產品，多為銀髮族夫妻退休自己使用。而這些銀髮族幾乎都是使用現金買進。甚至最近東京都心精華區也推出了許多10億日圓的產品，就是針對這些高資產階級所推出的物件。

　　看來，要挑到還會續漲的產品，除了自己荷包要夠深以外，也考驗著投資的眼光。最怕的就是買到「普通人買不起，有錢人看不起」的尷尬產品。

▌那賺安穩的租金收入呢？

「如果我投資的目的不是賺差價，而是穩定的現金流，房租收入呢？」

我們都知道，房價的漲跌幅總是高於租金的漲跌幅。房價很容易因為金融政策、房地產法令、或國內外政治情勢等因素，大幅度地上漲或下跌。房價上漲一倍以上的地區，世界各國到處都是，房價跌到只剩一半的歷史也經常重演。但相較於房價的漲跌幅，租金的漲跌幅可說是相對波動較小。常常房價漲了一倍後，租金卻紋風不動。這一方面也可歸因於日本的薪資結構，一直以來都沒有太大的變化，以至於租金一直無法調漲。

若以投報率的觀點來看，「租金不變、房價上漲」，就意味著「投報率降低」。可能依照兩年前的價位，投報率有5%的產品，因為房價漲了五成，投報率就變得只剩下3.3%。（※註：投報率的計算方式為「年租金 ÷ 房價」。可參閱同時出版的『日本買房關鍵字』3-2。）投報率的變低，就意味著你回收的速度變慢、資金效率變差。

此外，想要安穩收租，未來還有另一個可能拖垮你投報

率的隱憂：高漲不停的固定費用！

　　隨著全球「通膨」，日本也無法倖免。日本境內的物價以及各種服務也都因此而應聲漲價。根據統計，與十年前相比，公寓大廈型產品的大規模修繕費用漲幅將近四成，因此這一年來，許多社區大樓的管委會都開始討論「管理費」以及「修繕基金」要漲價。若這些費用上漲，相較於你到手的房租，你實際到手的投報率就又變得更低了，因此是否有必要因為「日圓打七折」，就去購買投報率變低的產品，恐怕還得三思。

　　疫情，改變了日本人上班的方式以及生活的態度。有些出租型的產品因為大小適中，剛好適合居家辦公，同時又立處精華，因此租金得以調漲。但更多的是套房型的產品，因為留學生以及從鄉下來東京打工的人口減少，別說是降租金了，它就那樣空在那裡大半年都無人聞問，租也租不掉！根據統計，筆者執筆的時間點，光是東京都內的套房空屋率就高達六萬戶。因此怎麼買？買什麼？何時買？買在哪？要不要買？... 再再考驗著投資人的智慧以及個人的財務體質。

日圓急貶，日本怎麼了？

　　日圓急貶，素有日圓先生之稱的日本前財務官榊原英資就大膽預測，這一波日圓跌勢可能會下探至 150 的低價。這樣的匯率，看在台灣的哈日族以及欲買房的投資者眼裡，可說是嗨翻天，換了大筆大筆的日圓，蓄勢待發，就等國境開放之後要來大買特買、大玩特玩！但日圓的持續探底對於日本人（或在日本賺日圓的人）而言，可就笑不出來了。

▍日圓下跌三部曲

　　這波日圓貶值的原因，可追溯至 2013 年的安倍經濟學說起。安倍上台後，推出的量化寬鬆政策，使得日本的貨幣供給量（Monetary Base）激增。2016 年，日本的貨幣供給量甚至超越了美國。

　　2020 年爆發了武漢肺炎疫情後，各國政府為了救市，防

止雷曼風暴時的流動性不足再現，無不死命印鈔。截至 2022 年度三月底，日本的貨幣供給量（Monetary Base），已經來到了 688 兆日圓。相較於疫情前 2019 年末的 518 兆，增加了 32%。若與 2011 年三月安倍經濟學前的 110 兆相比，可說是近十年來，日本政府光是印鈔，就讓市面上的日圓數量整整多了 6.2 倍之多。日圓數量增加（供給過多），本來就會導致日圓價格下跌（日圓匯率變便宜）。而美國的經濟規模是日本的四倍之多（※ 註：2020 年美國 GDP 為 22.3 兆美元，日本 GDP 為 5.4 兆美元），但日本的貨幣供給量卻超過美國，這也是為何日圓兌美金的匯率會狂瀉的首部曲。

< 日美貨幣供給量走勢圖 >

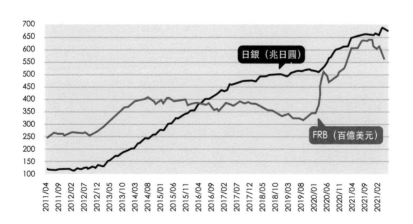

在貨幣增加這麼多的情況下，土地與建物等房產不可能同步增加這麼多，因此日圓相對於不動產，就顯得沒價值，不動產相對於日圓，就會漲聲不停。其實說白了，日本，並不是房價在漲，而是日圓的價值正在被稀釋當中。印鈔、以及疫情期間死命發錢的行為，換個角度來看，無非就是政府利用了另一種方式來掠奪了人民辛辛苦苦攢下的儲蓄罷了。

雖說疫情期間美國也印鈔，但由於美國現在已經進入縮表、升息的循環，而日本仍維持寬鬆的金融政策，這也讓日圓與美金兩者之間存在的利息差。這也讓投資機構有利可圖，借幾乎免利息的日圓來買進利息越來越高的美金。這就是日圓下跌的二部曲。

烏俄戰爭開打，各國紛紛制裁俄羅斯，拒絕向俄羅斯購買石油與天然氣等能源。俄羅斯原是世界上第三大石油出口國、第二大天然氣出口國，不向俄羅斯採購能源，等於讓正常的供需失衡，這也導致了能源價格的上漲。日本本身又是個能源依賴外國進口的國家，能源上漲，也使得日本的經常帳盈餘大幅度萎縮，這就促成了日圓下跌的第三部曲！

▌日圓貶值對日本是好事嗎？

日圓貶值，就代表著日本人的財富被稀釋了。出國旅行時消費直接變貴三成、剛上市的 MacBook 直接漲價四萬日幣、舊款的 Mac 明明美國官網就降價，但日本這邊卻不降反漲！最有趣的，莫過於日本現在連中古 iPhone 價格都漲得比官方網站所販售的新品定價貴了！

中古 iPhone 會這麼爆笑地賣得比官網新貨還貴，是因為官網買不到貨。雖說造成這樣情形的主要的原因，是因為半導體缺貨所導致的供貨不足，但同時也因為日圓這樣貶，讓中國人有機可乘，可以在日本用更便宜的日圓大量買進比定價還高的中古 iPhone，這樣拿回中國轉賣都還有利可圖，才會造成這麼奇特的現象。

有些人說：「阿反正我在日本生活，不出國，不買外國貨，我賺日圓，花日圓，跟我有什麼差嗎？」有啊，當然有差！而且急貶日圓的後果已經開始顯現！

雖然日本一直都認為便宜的日圓有助於出口，但其實日本早已是個能源以及食品原物料高度依賴進口的國家，日圓急貶代表著進口原物料高漲、石油進口價格上漲代表運輸成

本提升、能源進口價格上漲代表民生用電及工業用電價格上揚，一環扣一環，這些最終都會轉嫁到末端消費者的民生用品以及水電瓦斯費用上。現在日本的各大超市，食品以及日用品都有 10% 以上很明顯的漲幅。

像這樣日圓急貶導致生產成本提升，進而引發的物價上漲，並不是因為實體經濟改善，人民薪資增長所伴隨而來的經濟成長。現在日本的情況，有許多專家擔心極有可能會再次陷入物價上漲但經濟卻停滯的「停滯性通膨（Stagflation）」局面。（※ 註：上一次日本發生停滯性通膨為 1970 年代）

▍日本的經濟實力變弱了？

中長期的匯率高低，或多或少與一個國家的經濟實力有關係。

還記得 08 年金融危機時的日圓嗎？因為世界經濟情勢不穩，被認為是安全資產的日圓成了許多資金的避風港。許多資金為了避險，逃到了日圓，這也導致日圓匯率從一美元兌 110 日圓一路漲到 70 ～ 80 日圓。而如今，日圓的價值比起當年，可說跌掉了一半。

　　無論疫情初期時的市場混亂也好，亦或是 2022 年年初的烏俄戰爭所導致的地政學、經濟上的不確定性也罷，都不見「買日圓避險」的動作。雖說這與全球大印鈔阻止了流動性不足的危機，以及目前的日美利差有很大的關聯，但可以就這樣地貶掉大半的價值，甚至貶得比俄羅斯盧布還誇張，還真讓人搞不清楚究竟是俄羅斯被制裁還是日本被制裁。

　　實際上，盧布都已經漲回來了，但日圓卻一去不復返。若換算為實質有效匯率（※ 註：「real effective exchange rates」，指經過對比外國物價水準以及貿易量之後所調整出來的匯率），日圓現在的價位更是來到了 50 年的新低點。也就是說，若假設日本物價不變，依現在的匯率，外國物價等於漲了三倍，這相當於 50 年前的水準。似乎這麼便宜的日圓，已經不單單只是「日圓供給過多、日美金利差、經常帳餘額萎縮」這樣單純的原因。

　　會不會是因為日本的國力（經濟實力）其實已經弱化，沒有這麼多的對日投資需求？疫情期間的鎖國政策使得日本損失大把大把的觀光財，餐飲業、旅遊航空業等更是損失慘重。2022 年，歐美各國都已逐漸走出疫情的陰霾，與病毒共存，GDP 成長率也回復到了疫情前的水準，但唯獨日本仍然處於負成長（※ 註：本書執筆時）。

同時，各國皆已取消針對武漢肺炎的入境措施，全力拚經濟，但 G7 主要大國中，唯獨日本仍維持入國人數上限、禁止自由行旅客入境、入境時需要兩日內的 PCR 陰性證明 ... 等嚴格的措施（2020 年 8 月份執筆時點）。這樣，是要怎麼「貨出去、人進來、日本發大財？」

瑞穗銀行的首席市場經濟學家唐鎌大輔就指出，現在低迷的日圓很有可能是因為日圓的需求不再，這是市場給予對經濟低迷束手無策的日本政府的一記警告！

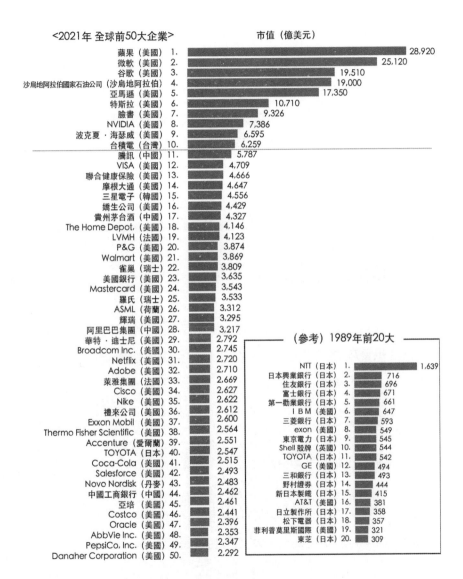

<2021年 全球前50大企業>　　　　市值（億美元）

排名	企業	市值
1.	蘋果（美國）	28,920
2.	微軟（美國）	25,120
3.	谷歌（美國）	19,510
4.	沙烏地阿拉伯國家石油公司（沙烏地阿拉伯）	19,000
5.	亞馬遜（美國）	17,350
6.	特斯拉（美國）	10,710
7.	臉書（美國）	9,326
8.	NVIDIA（美國）	7,386
9.	波克夏·海瑟威（美國）	6,595
10.	台積電（台灣）	6,259
11.	騰訊（中國）	5,787
12.	VISA（美國）	4,709
13.	聯合健康保險（美國）	4,666
14.	摩根大通（美國）	4,647
15.	三星電子（韓國）	4,556
16.	嬌生公司（美國）	4,429
17.	貴州茅台酒（中國）	4,327
18.	The Home Depot（美國）	4,146
19.	LVMH（法國）	4,123
20.	P&G（美國）	3,874
21.	Walmart（美國）	3,869
22.	雀巢（瑞士）	3,809
23.	美國銀行（美國）	3,635
24.	Mastercard（美國）	3,543
25.	羅氏（瑞士）	3,533
26.	ASML（荷蘭）	3,312
27.	輝瑞（美國）	3,295
28.	阿里巴巴集團（中國）	3,217
29.	華特·迪士尼（美國）	2,792
30.	Broadcom Inc.（美國）	2,745
31.	Netflix（美國）	2,720
32.	Adobe（美國）	2,710
33.	萊雅集團（法國）	2,669
34.	Cisco（美國）	2,627
35.	Nike（美國）	2,622
36.	禮來公司（美國）	2,612
37.	Exxon Mobil（美國）	2,600
38.	Thermo Fisher Scientific（美國）	2,564
39.	Accenture（愛爾蘭）	2,551
40.	TOYOTA（日本）	2,547
41.	Coca-Cola（美國）	2,515
42.	Salesforce（美國）	2,493
43.	Novo Nordisk（丹麥）	2,483
44.	中國工商銀行（中國）	2,462
45.	亞培（美國）	2,461
46.	Costco（美國）	2,441
47.	Oracle（美國）	2,396
48.	AbbVie Inc.（美國）	2,353
49.	PepsiCo, Inc.（美國）	2,347
50.	Danaher Corporation（美國）	2,292

（參考）1989年前20大

排名	企業	市值
1.	NTT（日本）	1,639
2.	日本興業銀行（日本）	716
3.	住友銀行（日本）	696
4.	富士銀行（日本）	671
5.	第一勸業銀行（日本）	661
6.	IBM（美國）	647
7.	三菱銀行（日本）	593
8.	exon（美國）	549
9.	東京電力（日本）	545
10.	Shell 殼牌（英國）	544
11.	TOYOTA（日本）	542
12.	GE（美國）	494
13.	三和銀行（日本）	493
14.	野村證券（日本）	444
15.	新日本製鐵（日本）	415
16.	AT&T（美國）	381
17.	日立製作所（日本）	358
18.	松下電器（日本）	357
19.	菲利普莫里斯國際（美國）	321
20.	東芝（日本）	309

日本經濟實力大不如前，從全球企業的市值也可以看出端倪。平成元年（1989 年）時，全球前 10 大企業，日本就佔了七家。時至今日，令和三年（2021 年），擠進全球前 10 大企業的，日本一家都沒有。而我們台灣都還有一家台積電（第 10 名）！唯一一家進榜前 50 大的日本企業，就只有豐田汽車（第 40 名）。這是否也間接說明了，日本真的已經不如以往 ...。

長期便宜日圓的隱憂

日圓過低，除了影響一般人的生活外，對於日本的人才，恐怕也會帶來不小的打擊。除了日人至海外留學變貴以外，高端人才也會因為廉價的日圓而不願意到日本工作。薪水換回母國貨幣，相當於打了六～七折，那何必辛苦離鄉背井呢？甚至日本的高端人才也會因此外流至國外賺取外幣，長久下來，對於日本人才的空洞化是一大隱憂。

此外，日本企業也很有可能因為日圓很便宜而被外資大量收購，若關鍵技術流入國外，將會是國安等級的問題。

但不得不說，日本無論是治安、生活環境、社會福利、

抑或是居住舒適度，都仍然算是世界前幾名。或許，投資有成長性的海外，但居住在便宜的日本，會是最好的生活方式也不一定。也難怪去年（2021 年）日本人狂買標普 500 指數連動型基金，已突破一兆日圓。也難怪上海封城後，許多人潤（Run）到了日本。因為便宜，又好住嘛！

question
03

房價這麼高，還可以買房「自住」嗎？

　　許多人赴日購屋，目的並不是「投資」，而是「自用」。有人是買來當作赴日遊玩時的渡假屋、也有人是已經移民到了日本，單純只是想要為自己買下在日本的避風港。想趁著日圓便宜，趁機入市。當然也有不少的人，是上一篇所提到的，嘗試要潤（Run）到日本的中國人。

　　本書的目標讀者群，除了是寫給「想要赴日置產的人」以外，也很適合「住在日本的台灣人」閱讀。因此這一篇嘗試以「自用」的角度，來看高房價時代，應不應該在日本買自住房。

　　首先，我認為如果你的買房目的是自用，那就不存在著要賺「資本利得」或是「租金所得」的問題。因此你唯一要考慮的點，就是你的自身需求以及你的負擔能力。當然，現在房價高，買了以後會不會賠錢，這又是另一個問題了。現在房價雖然高，但也沒人說得準，到底以後會更高，還是會

跌下來。

▊只要有需求，任何時間都是買點？

關於價位，每個人都想要買在相對低點，但其實無論什麼時機，你永遠都不會知道未來的房價會漲還是會跌。當你想要買房的時候，你永遠會覺得當下的房價很貴。

例如 2006 年我還在台北教書時，當時得知我要買房的其他同事，每一個人都說「現在台北很貴，一坪要 50 幾萬很誇張 ...！」。後來發生什麼事，相信各位讀者也都知道了。同樣，在 2013 年我移民到東京時，所認識的朋友（無論是當地日本人還是住在日本很久的台灣人）所講出來的論調，也是「日本房子不會漲價喔！現在房價很貴！我從來沒看過這麼貴的價位！以後一定會跌 ...！」。就連我當初申請開業時，來面試的不動產協會的委員都告訴我說「就算日本要辦奧運，東京房價也不會漲喔（而且還講得信誓旦旦）...。」放眼全球，幾乎很少自住客會覺得「現在房價好便宜啊，要趁現在趕快買」的。

房價到底貴不貴，不！我應該換個方式說：房價到底合

不合理，可以從幾個指標來判斷。一、從計算該物件投報率，也就是收益能力的「收益還原法」來判斷。二、利用「比價法」來比較周邊物件成交價格來判斷。若是要判斷一個都市的房價高低，就拿這個都市的房價指數與其他世界上相同等級的都市來比較。三、用土地成本以及營造成本，加上行銷控管等費用，來計算售價是否合理之「原價法」判斷。（※註：請參考同時出版的『日本買房關鍵字』3-4）。

而其實，「對於貸款買屋的自住客而言，房屋的售價就只是個數字而已，並不是主要的重點。」啥？TiN，你腦袋燒壞喔，一間房子 5,000 萬日圓漲到 7,500 萬日圓，你跟我講不是重點？你是要來洗下線還是要來割韭菜？我要把這本書丟掉！

各位看倌先別急！先別認為我在胡扯蛋，且聽我娓娓道來：

▌房價與購買力的關係

一般而言，「房價高的時期，往往都是利率低的時候。反之，房價低的時期，則往往都是利率高的時候」。

　　這是因為低利率，往往就是金融寬鬆的時候。就像這一、兩年，政府死命印錢、發錢，使得市場上充滿著資金。而「利率」，說穿了其實就是錢的價格。錢的供給越多，就代表著它的價格、也就是利率會下降。同時，當資金供給過多時，銀行也會對於房屋貸款的放貸較為積極。這樣的情況下，原本自身屬性（收入狀況）沒那麼好的人，也會因此而更容易獲得更大額的貸款。更多人能更容易地獲得更高額且更低利率的貸款，就代表越來越多人買房的能力都開了外掛。越來越多人的購買能力都上升，去爭奪有限的房產資源時，勢必就會推升房價的走勢。這就是我說的「低利率時期，多半都會引發高房價」。

　　反之，若金融市場或房地產市場過熱、又或是像美國現在這樣引發了嚴重的通膨問題，政府（央行／聯準會）就會開始緊縮資金。緊縮資金就意味著「縮表」以及「升息」。「縮表」，就是減少銀行資產負債表的規模，將釋放出去的錢收回。市面上的錢被收回、錢的供給減少，就會導致錢的價格，也就是「利率」上升。對，就是與上述的寬鬆時期朝著完全相反的方向進行。「資金減少」、「利率」上揚，就意味著放貸銀行必須更謹慎地選擇借錢的對象，因此，屬性（收入狀況）不高的人，就會越來越難貸到款。同時，貸款的利息增加，就代表著買房者每個月必須付出的成本更高，因此原

本打算開外掛買房的人，就會越來越少，而且操作上會越來越不容易。買房的需求減少，就會導致房價下跌。因此「高利率時期，房價多半會趨於平穩或便宜」。

▎高房價或低房價，你付出的總金額可能相去不遠

貸款購屋者，無論是在「低房價高利率」時期買屋，還是在「高房價低利率」時期買屋，很有可能到最後要付出去的總額相去不遠。例如 2000 年～ 2010 年間，日本的房貸利率高達 3% ～ 4%（舉例取 3.5%），而如今貸款利率則是下降至 0.375% ～ 1.1% 左右（舉例取 0.7%）。

在這裡，我們假設有一間房屋，2000 年代的時候是 5,000 萬日圓，現在 2020 年代則是漲到 7,500 萬日圓。先別管頭期款多少，假設是全額貸、貸款 35 年、以元利均等（每月還款金額不變）的還款方式來償還。我們只要稍加計算就可以得知，無論你是在哪個時機買進、無論你買貴還是買便宜，你每個月的還款金額跟到最後的還款總額，可能差不了多少。

●以前（2000 年代）房價 5,000 萬、利率 3.5%
＝每月還款 206,645，總還款 86,790,747。

●現在（2020 年代）房價 7,500 萬、利率 0.7%
＝每月還款 201,390，總還款 84,583,836。

　　從上面的模擬我們可以得知：你現在買 7,500 萬日圓，由於是低利率，因此每個月的還款金額，以及總還款金額反倒還比 20 年前買 5,000 萬日圓的時候還要低。這也就是為什麼我前面會說，其實「對於貸款買房的人而言，當下的房價只是個數字而已，不會是重點」。因此我並不會因為現在房價高，就叫你不要買，應該等下跌。也不會在房價低的時候，叫你趕快買。

　　當然，這只是個舉例。在你還款的 35 年的期間內，也是很有可能會遇到升息或者是降息（但可選擇固定利率避險），房價也可能會暴漲兩、三倍，但也可能暴跌到剩 1/3（日本就曾經這樣過）。因此「你究竟有沒有能力負擔？槓桿有沒有開太大？」，這才是你應不應該買房的重點。

▌重點不是房價，而是你的能力

　　實際上，我有幾位住在日本的朋友都是近一、兩年才買房的。他們 2010 年代時不買，等到 2020 年代才買，是為什

麼呢？有很大的原因是 2010 年當時，他們貸不到款。就算當時貸得到款，可能也要拿出個兩成以上的自備款。而現在資金寬鬆，他們可以很輕鬆地貸到款，而且還很多人都獲得全額貸，連一毛錢都不用拿出來（但仍然需要支付一些仲介費等初期費用）。所以反倒是現在高房價時代，對他們而言，購屋的門檻反而是降低了！

因此，如果你是購買自住屋，除了考量房價以外，也必須連同自己的購買力以及利率等因素一併考慮進去。

當然，如果你是一次現金付清購屋的，低房價時期購買當然比高房價時期購買划算。但同時，你在低房價時期，就將你 5,000 萬日圓的現金鎖進房產裡，這也形同錯失了你可以利用這筆資金去賺取更高投資報酬的「機會成本」（※註：請參考同時出版的『日本買房關鍵字』3-7）。

▌只要你有能力，任何時間都是買點！

最後，利率與房價之間的高低變動並不是同步的，會存在著時間差。有可能升息了，但房價還沒下來。也有可能降息了，但房價還沒上去。因此也會出現「高房價高利率」或

者是「低房價低利率」的時間點。

　　不過，房市的循環短則七、八年，長則二、三十年。你的人生有幾個二十年，可以讓你等待「低房價低利率」的購屋時機點出現呢？更何況，即便你等了十年，被你等到了，你這十年間也因為沒有房子住，搞不好所花出去的租金成本，都快要等於當初房價的一半了 ...。

　　但如果你的負擔能力不足，在日本租房子，其實也可以讓你過得很快樂。有「借地借家法」（※ 註：請參考同時出版的『日本買房關鍵字』4-3）的保護，也不用怕房東亂漲房租或要你走人。

^{question}
04

日本的房屋為什麼會折舊跌價？

台灣許多名嘴，在評論購買日本房產時，總是說：「日本的房屋折舊很快耶，買了就會跌價」。怪了？為什麼很多歐洲國家的房屋，即便屋齡兩、三百年，價位都還是維持得很好。美國的二手房還因為有人實際居住過，確認房屋品質沒問題，因此反倒更受歡迎。為什麼唯獨日本的房屋，折舊速度驚人，資產下滑的速度幾乎是獨步全球呢？

這一切的一切，除了日本失落 30 年的經濟情勢以外，很有可能起因於「不動產業者」、「金融業者」、甚至是「國家制度」所造成的結果。本文試舉五個最常被拿出來討論的原因，來與各位讀者分享日本房屋「會折舊」的前因後果。

▌原因一：日本人的「全新潔癖」

新屋會折舊跌價，最廣為被大眾所認爲的原因之一，就

屬日本人「喜新厭舊」的個性了。以前日本人有所謂的「全新潔癖」，什麼都喜歡買全新的，就連房屋也不例外。一間新成屋，就算買它的前屋主並沒有搬進去住過就拿出來轉賣，也會因為登記簿上有一筆「前屋主」的名字（日本的房屋謄本從房屋第一手至最新的資料都會記載），就讓買家感覺不是「全新」的。在以前的日本，這樣的房屋就只能按照新古屋的售價才會有人要買。這就跟一般「已拆封」商品的邏輯一樣，「全新未拆封」的商品，就是可以照原價賣，但「已拆封」的商品，即便「沒用過」，價值還是會打折扣。

　　日本人的「全新潔癖」到什麼地步？我們一般在台灣去參觀新成屋時，都會打開水龍頭，或者沖沖馬桶，來測試建商有沒有蓋好。但在日本，千萬不能這麼做，因為建商的臉會綠掉。我曾經帶一組客人參觀新成屋時，因為客人不知情，而「不小心」在人家全新實體屋裡面上了廁所，建商馬上變臉，我也只好一直道歉賠不是…。有一次看綜藝節目，剛好討論到購屋問題。來賓就說：「參觀新成屋，如果水龍頭開了，或馬桶沖了，這間房子你可能就非買不可了」。當然，我相信這是電視上稍微誇大的說法，但在日本人心目中，全新成屋就跟未拆封的商品一樣，就連入內參觀，都要戴手套跟穿室內拖鞋。從這個例子就可稍微窺知日本人對於「新東西」特別的癖好。

　　但隨著經濟情勢的演變，日本的新成屋供給量越來越少，房價也越來越貴，許多購屋者因為無法負擔高房價，所以也沒能力「任性」地說自己只想買新屋。因此，近幾年來中古屋的成交比例也越來越高。原本只佔日本房屋交易市場 1/5 的中古屋，近年來也增加到了將近 1/2。似乎現在還有這種「全新潔癖」的人也越來越少，因此造成日本房屋折舊跌價的第一個原因，其影響力似乎正在減弱。

▍原因二：長達三十年的「通貨緊縮」

　　先將鏡頭拉回台北。在台北，同一地區相同等級的產品，20 年中古屋跟全新屋，價差大概只有三成左右，甚至有些有都更題材的產品，中古屋還會賣得比全新屋貴。在歐美地區的國家，甚至有些房子還越老越值錢！不過日本（非東京精華區）卻有一個跟其他國家截然不同現象，就是 20 ～ 30 年的中古屋，價位大概只剩新成屋的一半，甚至郊區一點，還有只剩 1/5 價的。

　　舉個例子，以往在日本購買一間 3,000 萬日圓的房子，其資產下滑率大約是下面這樣的感覺：

購買價格：3,000 萬日圓
入住後　：2,700 萬日圓
3 年後　：2,500 萬日圓
5 年後　：2,300 萬日圓
１０年後：1,800 萬日圓

　　隨著屋齡越來越老舊，房子也越來越不值錢。依照上述的跌價速度，在日本買房子，你還房貸的速度，還遠不及房價下跌的速度。原因除了第一點所提及的「全新潔癖」以外，還有另外一個原因，就是日本一直以來，處於「通縮（通貨緊縮）」的狀態。

　　「通貨緊縮」，會導致「東西越來越便宜。今天不買，明天會更便宜」。所以在通縮的環境下，最好的投資，不是去買任何金融商品或資產，而是讓你的現金「睡」在銀行。就算它存在銀行的利息低得可憐，但因為物價越來越低，因此過幾年後，實質上的購買力還是增加的。

　　房地產中，一間房屋的構成，又分成「土地」跟「建物」兩個部分，所以才會叫做「房」「地」產。而這其中，會折舊的只有「建物」，「土地」是不會折舊的。但因為日本處於「通縮」環境，因此除了「建物」隨著屋齡越來越老，年

年折舊年年跌價以外，「土地」的部分也會因為「通縮」，地價年年下跌。兩個部分同時跌，當然會直接反應在房價上，因此日本的房價才會看起來像是溜滑梯一樣，直直落。或許正因為這樣，習慣了通縮思維的日本人，認為房屋不是資產，而是消耗品。這也更加深了日本人認為「房屋只會跌價」的僵化思維。

不過，2022 年 5 月，「受惠」於全球大通膨，日本也總算「勉強」達到了安倍經濟學所提出的「通膨 2%」的政策目標。「通膨（通貨膨脹）」剛好與上述的「通縮」相反，「貨幣會變得沒價值，物價會越來越貴」。因此在通膨環境下，錢不要放在銀行，而是應該拿去投資商品或房地產，才可以抗通膨。這也間接說明了，為什麼近幾年日本的房地產已經先行漲了一大段的緣故。

脫離了通縮，進入通膨的日本，房地產的價格走勢也很有可能一改三十年來的常態，邁向「歐美模式」也說不定。

▍原因三：仲介業者的惡習

會造成日本住宅折舊迅速的第三點，不動產業者的「包圍（囲い込み）」惡習也免不了責任。所謂的「包圍」，指的就是仲介業者為了賺取買賣雙方的兩倍仲介費，而刻意不讓物件流通出去的惡習。（※ 註：請參考同時出版的『日本買房關鍵字』2-2）

舉例來說，一個市價 5,000 萬日圓的物件，如果你的房仲業者將這個物件公開於全國的房仲流通網（REINS ╱ Real Estate Information Network System）販售，那麼買方很有可能就是其他的房仲公司所帶來的。若成交，你的房仲業者就只能收取你（賣方）單邊的仲介費。但如果你所託非人，這個業者想要賺取你（賣方）以及買方兩邊的仲介費，他就會刻意將你的物件封鎖消息，不讓它在市場上流通，導致即使有願意出原價購買的消費者出現，他也沒機會買成。然後等到你賣不出去，開始著急後，再藉機向你（賣方）砍價至 4,500 萬日圓，說因為物件開價太高，賣不掉。

當然，等你同意降價後，你這個比市價便宜的物件，自然就很容易找到買方。這時，你的仲介只要自己找到買方，並順利賣掉，他就可以收取買賣雙方的兩邊仲介費。

這樣的陋習，在日本的不動產業界早已是公開的秘密，且由於發生的機率太過頻繁，還屢遭日本媒體踢爆，就連那些人人都叫得出來的大型連鎖仲介業者都榜上有名。像這樣為了自己的利益，而壓低屋主成交價的行為，也間接拉低了整體中古屋的平均成交價。

原本這個屋主，賣屋時可能不會賠太多錢的，但因為遇到不誠實的仲介，落得他最後賠錢售屋，這也是為什麼許多日本人「誤以為」中古屋就一定會折舊的原因之一，因為你不降價，你的仲介就「故意」不幫你賣！

▎原因四：國家的稅制問題

第四個造成日本住宅迅速折舊的因素，跟日本的稅制也有很大的關聯。對於日本政府而言，「新屋」是非常好的稅收來源。因為新屋較新，在評定現值上較高，因此可以課到較高的「固定資產稅」。但一旦房屋老舊，評定現值就會隨之下降，因此舊屋就沒辦法課到像新成屋時，這麼高的固定資產稅。

此外，由於日本的建商屬於消費稅課稅業者，建商在銷

售新成屋給消費者時，還必須繳納建物部分 10% 的「消費稅」給政府，但中古屋的交易，由於屬於個人之間的買賣，國家是課徵不到「消費稅」的。尤其是房屋的金額那麼大，雖說土地部分不會課徵消費稅，但光是房屋部分，若以 10% 的消費稅來計算，建商每賣一間新成屋，政府就可以收到幾百萬的消費稅。也因此，對於日本政府而言，新成屋的交易量當然是越高越好。這也解釋了為什麼日本政府在稅制上，對於新屋都會給予一定的減稅優惠，鼓勵老百姓購買新屋的緣故。

而如果建商的新屋供給量充足，大家都購買新屋，不喜歡購買中古屋，這勢必也會為中古屋的價格帶來衝擊，這也是為什麼日本的中古屋會「跌跌不休」的其中一個原因。

但近年來，由於新成屋的供給量變少，價位變高，也連帶使得中古屋市場日漸活絡。或許中古屋折舊嚴重的問題，會就此改善也說不定。

▌原因五：銀行的態度

造成全民住宅價值急速下降的第五個理由，銀行業也是幫兇。

日本的銀行對於中古屋的放貸趨於保守，尤其是木造透天。因為木造透天的法定耐用年限為 22 年，但這個 22 年並不是真的這個建築物在 22 年後就不能使用了，這個數字就只是用於計算稅金上攤提折舊的依據而已。如果房屋維護良好，堪用 40 ～ 50 年都沒什麼問題。

但很可惜的是，屋齡 20 年的以上木造住宅，在銀行眼中就是沒價值。因此即便建築物本身維持得再好，即便屋主花了好幾百萬重新裝潢、改良設備，但這些修繕、設備在銀行的眼中都不值錢，不會納入他們對房屋估價的加分要素。

也因為銀行的這種估價手法，導致想要購買中古屋的消費者無法貸款（或者貸款成數極低），必須全額付清或準備相當大的一筆自備款，這自然也讓中古物件無法在市場上順利流通。而且就是因為得全額付清或支付較大筆的自備款，再加上銀行對於木造透天 22 年的估價觀念也滲透到了一般老百姓當中，這也才導致了普遍日本人認為中古屋就是沒什

麼價值。如果屋主想要賣掉這棟屋齡 20 年的木造中古屋，
勢必就得將價格殺到很低，對方才會承接。這就是造成日本
中古屋價格下跌的第五個原因。

但近年來因為房價高漲、新成屋供給不足，同時又因為
日本央行的低利率政策，讓銀行有將錢貸出去的壓力，這也
才讓銀行對於老舊房屋的價值重新認定。此外，最近也開始
了許多老屋活化的新制度，或許將來日本這種忽視房屋本身
耐用度的估價觀念，會有所改變也不一定。

以上五點就是日本房價年年折舊跌價的主因。但這些原
因，有大部分在未來都可望消除。過往的概念是否能再適用
於未來的時代，購屋者必須自己理性分析，而非一昧聽信電
視名嘴那些過往數十年的陳詞濫調。

二、

現況篇

了解日本房市趨勢，鑑古知今

02

泡沫時期，日本房市跌得多慘？新一波的房市循環又如何上漲？

疫情對日本房市帶來了怎麼樣的衝擊？本篇以時間序列，帶你遨遊時光！

從「土地神話」到「金融海嘯」，
發生了什麼事？

「房子不會跌！全世界都在印鈔票！錢的價值只會越來越薄！賣掉了，就買不回來了…」

有沒有覺得上面的台詞很耳熟能詳啊？對，這就是當初日本人所堅信不疑的「土地神話」。當年的日本，也跟現在的台灣一樣，全民都喜歡投資不動產，覺得不動產是最保值的產品，也覺得不動產轉賣賺差價快又穩。然而，究竟發生了什麼事，讓日本人對於不動產的觀念完全改觀呢？想要投資日本房地產，就得對日本的房產近代史有一定的認識。你會發覺，就有如馬克吐溫所言，「歷史雖不會重演，但卻會以相似的韻律重複（History doesn't repeat itself, but it often rhymes）」。

本篇，就從「土地神話」講起，來看看前兩個房市循環，日本房市究竟發生了什麼事！

▍講古：從「土地神話」說起（1960~1989）

　　日本自二戰結束後至 1960 年代這段經濟復興的高成長期，在短短十幾年間就分別迎來了「神武景氣」、「岩戶景氣」以及「伊奘諾（イザナギ）景氣」等多次經濟發展狂潮。當時由於人口增加，帶動了土地需求急增，再加上投機性買盤，讓日本的房地產在十年內就暴漲了十倍。甚至在第一次東京奧運（1964 年）的前幾年，因為奧運利多加持，還曾經有過房價半年漲一倍的時期。

　　1985 年，美國人為了挽救自己的經濟，讓自家的出口商品更具競爭力，夥同 G5 各國簽訂了廣場協議，這也讓美金兌日圓的匯率一路從 240 圓漲到 120 圓，整整漲了一倍！日圓漲，想當然爾，日本外銷就慘。外銷慘，經濟當然變差。日本政府為了救經濟，只好開始刺激內需，甚至祭出降息政策刺激景氣，叫大家來借錢投資增產做事業。低利率耶，不借白不借！不過想也知道，「貪，人之本性也」。借來的錢，不是拿來投資增產，而是拿來 ..... 炒房！

　　1986 ～ 89 年間的金融寬鬆政策，導致了日本的土地與房價飆漲，尤其是 1987 ～ 1988 的兩年之間，更是一口氣翻漲了兩倍。就因為這樣看似只會上漲，而不會下跌的局面，

當時的日本，有了「土地神話」的說法，認為只要手中握有房地產，它自己就會增值。這樣的想法，也為日後泡沫經濟破裂埋下了導火線。

當時，有許多小資族看到炒房這麼好賺，都集體患上了「FOMO（Fear of Missing Out）錯失恐懼症」，一窩蜂地跑去投資不動產。同時，也因為銀行積極放貸，讓許多明明收入就不高的年輕人可以大開槓桿，一貸就貸了兩、三億日圓來炒房。

當時日本的不動產，可不像現在的投報率這麼高，動不動就 7% ～ 8%。房價一直漲，而租金不漲的情況下，就會壓低房地產的投報率。當時一間小套房，光是要用租金來還完貸款，就要將近 50 ～ 60 年的時間（現在大概只要 15 ～ 20 年）。那樣的時代，買房子的人都是以投機為目的。買了房子，不是要自住、不是要賺租金，而是要等著房價上漲，高價賣出賺差價的，因此不會去在乎投報率是高還是低。據說當時東京都內實際坪數只有 5 坪的小套房，可以賣到 6,000 萬日圓。你沒看錯！投報率就僅有 1.5%！

▎泡沫破裂後，失落的 20 年（1989~2000）

日本政府為了抑制炒房歪風，從 1989 年 5 月起的 1 年 3 個月內，連續實施了五次升息，這也讓原本 2.5% 的利率一下就升到了 6% 之高。正因為這一連串的打房政策（例如重新調高利率，房地產房貸總量管制等），也讓房地產從 1986 ～ 1990 這四年多的漲幅，逐漸打回原形。

雖說房市崩盤始於 1990 年，但日本人一直到了 1995 年，才真正發現到「大勢已去」。許多專家認為，這一年，正是日本社會的轉戾點。

日本全國房價從最高點滑落至 1993 年時，開始進入緩跌期，緩跌至 1997 後又開始加速破底。房價剛開始跌的前幾年，有些屋主因為不缺錢，還一直認為房市只是在「盤整」，以後總有一天會 U 型反轉，只是這個 U 底比較長一點罷了。但隨後 1995 年發生神戶大地震，過沒幾個月又發生奧姆真理教沙林毒氣恐攻事件。同時，經濟上又因為日圓高漲，導致製造業受不了而將工廠撤出日本轉移至國外，且泡沫時代所種下的不良債權問題開始顯在化 ... 等。在多重的災難以及經濟的打擊下，日本人已經不再有泡沫時期輝煌的面影，也終於體認到了房價不會再回來的事實。

　　房價跌，對於借錢給投資客的銀行而言，受傷最深。原本一間房，擔保價值可能有 5,000 萬日圓，但它突然跌到剩下 2,500 萬日圓（而且當時很多銀行過度放款，市值 5,000 萬的房子，居然放貸到 5 億日圓之多），使得銀行的擔保品價值嚴重不足，不良債權大增。

　　此外，那些借錢來買房的自住客，也好不到哪裡去。當時許多中產階級家庭，因為買不起東京都心內的房屋，被洗到了郊外，只好忍通車一、兩小時之苦，去買東京都下（指東京都左邊「市部」），甚至更郊區的房屋。結果 5,000 萬日圓買的房，過沒幾年就跌到剩下 2,500 萬日圓，但房貸餘額卻仍高達 4,000 多萬日圓，因此當時的上班族，也無法賣屋還債，因為賣掉的錢，還不夠償還剩餘的房貸。這些高點套牢的上班族，只好忍痛三、四十年，繼續辛苦工作，只為還掉房地產慘賠的 2,000 多萬日圓。直到現在 2022 年，有許多郊區的房子仍然尚未回檔，反倒因為「建物」本身折舊，使當時還有市值 2,500 萬日圓的房屋，剩下不到 1,000 萬日圓。

> **NOTE**
>
> 　　因為地價房價大跌，房價變得很親民，即使是一般上班族，也可以很輕易地購買東京都內的房地產。這時候，上述講的泡沫時代 5 坪小套房，大概只要 1,700 多萬日圓就買得到了，投報率也拉到將近 5%。也因為大家夢醒了，沒人再玩「轉賣賺很大」的遊戲，因此，建商如果想要賣房屋，只能賣給自住客。而且自住客不見得會買單，因為地價年年下跌，明年買會更便宜，這就使得日本的房市陷入了「通縮循環」。也因此，建商想要賣屋，就必須動腦筋，讓物件本身可以讓大家住得舒服、住得安心，客人才願意買單。房地產的投資，也從之前的資本利得（Capital Gain）取向，轉化為賺安穩的租金收租（Income Gain）取向。

▌不動產證券化的時代到來（2001~2007）

　　受惠於第二次橋本內閣的金融大爆炸政策，日本 2001 年開放了不動產證券化，也就是 J-REIT（Real Estate Investment Trust），讓不動產的投資市場也可以金融的方式來引入資金，增加籌資管道、提高資金運用，這也為日本的不動產投資市場開啟了新紀元。這時，連續跌了好幾年的

房價，加上日圓持續低利率，吸引了外資的目光。虎視眈眈的外國資本開始流入日本不動產，以基金的方式購買不動產，這也導致了都市部的房價再度上漲。日本人將這段時期稱作「迷你泡沫（ミニバブル）」時期。

　　此時，房地產變成了大筆資金追逐的標的，建商蓋屋時，會想盡辦法將容積率發威到淋漓盡致，目的就是為了可以多蓋幾間出來賣、多蓋幾間來出租，讓投報率上的數字很好看。基金，就是看數據啊！

NOTE

　　1989 年的巨大泡沫破裂後，新屋的供給量減少。但建商為了配合 2000 年代這一波的資金追逐狂潮，又開始大增供給量。或許就是因為這樣，才間接導致了 2005 年爆發了一連串偽造建物耐震構造計劃書的「姊齒事件」吧。因為這個事件，日本政府訂定了「住宅瑕疵擔保履行法」，強制建商針對結構以及漏水部分，保障新屋購屋者 10 年的瑕疵擔保責任，同時也強制建商必須加入住宅販賣瑕疵擔保責任保險。

▌後金融海嘯，都心回歸（2008~2012）

2008 年，美國爆發了金融海嘯。外資撤退，也讓日本的房價再次重挫，戳破了這次的迷你泡沫。不過這次還好，上次 90 年代泡沫破裂，房價跌到只剩三分之一，但這次就只有跌個兩、三成而已。而次貸風暴後，日本也因為老人年金的問題，以及低到無法想像的利息，讓一些為了退休做準備，打算把房租當養老收入的個人投資客進場。這時，許多小建商都因為金融海嘯倒得差不多了，剩下來的，就是財務體質還算健全的建商。而且其實這個時期，由於剛發生大危機，市面上充斥著許多優良不動產，若撇開我們外國人匯差的問題，這個時期對日本人而言，其實是最好的進場時機。買的房子又好又便宜，而且又是低利率！

不過日本也真的是命運多舛，遇到金融海嘯後，原本不動產市場已經有回溫的跡象，卻又在 2011 年遇到動搖國本的 311 大地震。但 311 地震之後，日本房價並沒有怎麼跌，有可能是前面跌太慘了、已經打底了，也有可能因為地震，反而讓大家知道了日本房子的高品質。

不過大地震過後，首都圈的居民開始改變對於「住」的想法。原本日本人喜歡住郊區養小孩，享受安靜的近郊住宅

環境，但因為地震當時，電車停駛、公路大塞車，又因為東京太大了，用走的根本回不了家，導致許多人成了有家歸不得的「歸宅難民」。這也讓許多人開始思考，是否應該搬到都心居住。另外，也有許多原本喜歡住在塔式住宅大樓的人，因為地震時搖晃得太恐怖，所以開始考慮要住離地表近一點的低層住宅。

2013 年，日本的不動產市場又迎來了一波長達十年的好景氣，也就是這次循環的起點。接下來的故事，我們就留在下一篇吧！

「安倍經濟學」為日本房市帶來
怎樣的影響？

2012 年 12 月 26 日，安倍晉三再度當上日本的首相，這也開啟了接下來長達將近八年的第二次安倍政權序幕。

安倍甫一上任，就立刻提出了「大膽的金融政策」、「機動性地財政刺激政策」以及「喚起民間投資的成長戰略」等所謂「三支箭」所組成的「安倍經濟學」。

第一支箭，就是試圖以大量貨幣供給的方式，增加市場的流動性，進而促進消費者物價指數達到 2% 的通膨目標。雖然說這 2% 的通膨目標原訂於 2 年以內，也就是 2014 ～ 2015 年就得達成，但這個目標卻遲遲到了 2022 年中，也就是整整過了十年以後，才因為全球大通膨，勉強算是達標。

不過當時政策一出，就因為如此激進的貨幣寬鬆政策而引發日圓大跌，美元兌日圓的匯率從 2012 年 11 月中旬到 2013 年 1 月後半，就從 70 多圓滑落到 100 圓大關，兩個月

內跌掉了將近三成。這時，日本的房價還沒反應過來、還來不及漲，因此對於海外投資客而言，日圓跌三成，就相當於日本的房價打了七折！許多有先見之明的海外投資客看到機不可失，於 2013 年初就開始瘋搶日本不動產。怎麼樣？是不是跟現在 2022 年的情況很像呢？

此時，大部分的日本人都還沒有意會過來到底發生了什麼事，只是傻傻地看著外國人，以為這些外國人好傻好天真，只是因為日圓大跌才來搶便宜不動產的。但其實聰明的海外投資客早已嗅到量化寬鬆政策將會為房市帶來怎樣的巨大衝擊。這些日本人當初壓根兒也沒想到日本沈淪 20 幾年的房市，即將迎來十年翻倍的黃金期⋯。

▍奧運利多，讓外國人與日本人都卯起來買

日本時間 2013 年 9 月 8 日，當國際奧委會主席羅格宣布 2020 年奧運會主辦城市為東京的那一刻，日本舉國歡騰，同時也一掃了 311 悲劇發生後的陰霾。也在這一瞬間，讓日本人對於未來不再悲觀，滿心期待接下來的經濟盛世。

我還依稀記得，奧運發表後的隔天，各大媒體的新聞就

報導說，當天奧運決定後，灣岸地區的預售屋案場來電詢問量頓時暴增好幾倍。接下來，隨著奧運而決定要新增的交通路線週邊，也開始出現了明顯漲幅。

NOTE

其實早在奧運決定前，東京的不動產市場就因為安倍經濟學吸引了不少台灣投資客進場。但當時還沒有奧運決定時的榮景，直到奧運大利多確定之後，與安倍的經濟政策相輔相成，使得整個市場又更加活絡了起來。奧運，就有如台灣投資客錢進日本的催化劑，台灣專營日本不動產的業者也在這段期間，如雨後春筍般地成立。就從此刻，日本新建案的開價，也逐漸走高。

2013 年時還有另一項話題，就是日本政府宣布將消費稅由原本的 5% 調高至 8%，而這也成功帶動了日本本地自住客的買盤。這些買房族為了趕在增稅前買屋，可以省下 3% 的消費稅，可以說是卯起來搶房。

▎工人、建材等建造成本上漲

奧運決定後，政府必須大興土木，建造奧運場館。而量

化寬鬆政策導致日圓貶值，最直接的影響就是讓進口的建材變貴。前者導致「缺工」，後者導致「建材上漲」。這兩個要素，都是接下來推升房價上漲的主因。

先來講講「人力」好了。建築業者的工人，很多都跑去蓋奧運場館以及 311 東北地震災區的復興，因此對於建商而言，工人的人事成本上漲了不少。而且聽說蓋奧運場館這種國家的事業比較好賺，蓋居住大樓比較不好賺，這也導致工人都被奧運相關的建設工地搶走了。而這樣缺工的情形，甚至還導致有些建築業者因為承接了工程，但是卻找不到工人來興建，因而延宕了工期而違約倒閉的。

至於「建材」，由於日圓匯率跌至相對低檔，因此對於日本進口建材的成本也提高不少。據說 2012 年時，公寓大廈型的產品，建造成本約為一坪 80 萬日圓左右，但到了 2017 年時，已漲到了 120 萬日圓。短短五年內，建造成本就漲了 40%。

同時，又因為日本的觀光客與日俱增，許多旅館業者為了搶賺觀光財，不惜砸重金，卯起來與建商搶地，這也導致東京精華區內可供建造住宅的建地越來越少。在這樣「缺工」、「建材上漲」、「大家搶建地」的三要素加持下，房價不漲也難。

什麼原因導致中國人與
日本老人急著進場？

　　2015 年，中國、台灣、香港等地，房地產價格無一不是漲到恨天高，再加上中國的調控政策，讓許多華人圈投資客轉往房價相對便宜的日本來置產。「聽說」當時東京都心，如港區、新宿區的高級住宅房、以及灣岸地區（豐洲、晴海、勝鬨）的塔式住宅，幾乎每個新建案，有將近三成都是被華人買走的，因此市場再次出現了「泡沫再臨」的聲音，並說是因為華人來炒房，才導致房價上漲的。也有人擔心，就是因為華人大量持有都內高價不動產，若中國、台灣、香港等地的房地產真的泡沫化，這時投資東京房市的錢，若一舉撤資，可能會連帶對東京房市引發不小的衝擊。不過這樣的擔心，從現在 2022 年回看，似乎是多餘的。

▋中國人買房有自住需求

　　2015 年這一波的中國熱錢，很多是中國富豪要將資金移

轉至海外，以現金的方式購買不動產的。因此並非像上一波
2006 年時，國際資本的「高槓桿投機」行為，而是「財富轉
移」行為以及「實際需求」行為。事實上，2015 年中的中國
股災，反而促使了中國富豪為了避險，更加用力購買海外不
動產的現象，並沒有出現拋售日本房產的情況。此外，有許
多中國人買日本房，是為了自己實際居住使用。這些有錢的
中國人多以「教育」與「環境」等理由，考慮將自己的小孩
送來日本生活，當然也有一部分的理由為了將資產轉移至海
外，分散風險。

NOTE

　　根據日本出入國在留管理廳所公佈的統計數據，光是在日
本合法居留的中國人，就高達 71.9 萬人（2021 年 12 月的數據）。
若加上取得已日本國籍及其第二代、第三代的在日中國人，人數
很有可能已經超過 100 萬人。因此就中國人購買房屋自用的部
份，我倒不認為往後會有太沈重的賣壓湧現。

稅改，讓日本老人也卯起來買

2015 年，不是只有華人在買日本房，就連日本節稅族也加入了戰局。這一年，由於日本調漲了遺贈稅，因此日本許多有錢的老人，將現金轉換成不動產，目的就是利用其房屋市價與公告現值相差甚遠的「資產評價壓縮」特性來進行節稅。

這年，東京都心預售屋成交價屢創天價，有些個案，如 63 ㎡（約 19 坪）的小房間成交 1 億 1,500 萬日圓（一坪 605 萬日圓），也有些個案 90.22 ㎡（約 27.29 坪）的三房產品成交 1 億 9,500 日圓（一坪 714 萬日圓）。據報導，在 2015 年時，這波房市的新循環，也將房價推升到了雷曼風暴前的價位。

遺產稅這樣改

日本遺產稅的徵收，是將你的總財產評價額，扣掉基礎控除額後，才是你的課稅對象金額。

●總財產評價額 ─ 基礎控除額＝課稅對象金額

2014 年以前基礎控除額＝5,000 萬日圓＋1,000 萬日圓 × 繼承人數
2015 年以後基礎控除額＝3,000 萬日圓＋　600 萬日圓 × 繼承人數

　　而原本基礎控除額的計算方式，為「5,000 萬日圓」，再加上「1,000 萬日圓 × 繼承人數」。舉個例，如果你的遺產有一億日圓，有兩名繼承人的話，你的遺產稅課稅稅基部分就是「1 億日圓－（5,000 萬日圓＋1,000 萬日圓 ×2 人）＝ 3,000 萬日圓。

　　但 2015 年開始後的稅改，降低了遺產稅的基礎控除額。可控除的額度變為「3,000 萬日圓」，再加上「600 萬日圓 × 繼承人數」。換句話說，如果你晚一年死，你的遺產被課稅的稅基部分就是「1 億日圓－（3,000 萬日圓＋600 萬日圓 ×2 人）＝ 5,800 萬日圓。整整多了快一倍。不只控除額減少，就連最高稅率也從 50% 提升到了 55%。

NOTE

　　日本的金融資產其實相對都集中在老年人的手上。根據日銀 2021 年 10 ～ 12 月期的資金循環統計，家庭保有的金融資產儲蓄餘額高達 2,023 兆日圓，而這其中又大約有七成的資金都是由 60 歲以上的老人所持有。因此似乎也可以合理判斷，現在的房價可以屢創新高，這些銀髮族的貢獻應該不少。

「負利率」，錢存在銀行還要付帳管費？

日本銀行（日本的央行），從 2016 年開始實施負利率政策。正常情況下，我們如果把錢存在銀行裡，銀行會給我們利息。但所謂的「負利率」，則是反過來向存戶收取「帳管費」的概念。也就是存錢在銀行，只會讓你的帳面上的數字減少，不給你利息，還反過來多跟你要帳管費的意思 ... 是嗎？

▌負利率，將資金趕往不動產

日本目前的負利率政策，並不是一般存款戶會被扣帳款費的概念，而是日本銀行（日本的央行）將日本一般金融機構存放在日銀的超額準備金，存款利率降至為 -0.1%（2022年現在為 -0.07%），因此並不是直接影響到一般的存戶，而是影響到銀行等金融機構。

也就是說，銀行如果將太多的現金存在央行裡，不但沒有辦法從央行那裡收到利息，反而還要上繳給央行一筆懲罰性質的帳管費。因此銀行不得不趕快找尋資金出口，想辦法把這些爛頭寸貸出去，也不要存在央行裡。而這負利率政策也導致了建商的土建融貸款更加容易，一般房貸族也可以更容易以更低的利率借到款。

對銀行而言，將錢貸給這些穩定的上班族買房，是風險較低的資金去處，因為大公司不太容易倒閉，員工薪水也很穩定。以往，銀行對於自住房房貸的核貸成數多半只有八〜九成，審核也從嚴。但自從負利率政策實施後，銀行放款的門檻就降低很多，全額貸、輕鬆就核貸的例子還真不少。雖然說，這幾年日本的房價上漲不少，但只要貸款成數可以提高、利率可以壓低，這些上班族就可以買得起。對，就跟我們在 Q03 當中所提到的狀況一樣，這也是持續推升房價上漲的主因之一。

NOTE

雖然說歐洲有許多國家，當年也導入了這樣的負利率政策，但目前 2022 年，全世界為了壓抑通膨，大部分的國家都已經開始升息，取消了負利率。現在 2022 年，全球就只剩日本還維持著這樣的負利率政策。

▍銀座地價漲到歷史新高點

時至 2017 年，日本的房市有一項重大的突破。曾經因為泡沫經濟破裂，連續下跌 20 幾年的東京房價，終於在前幾年止跌回升。這一年，根據日本國稅廳所公布的「路線價」，地王「銀座五丁目，鳩居堂」前面的土地，1 ㎡的價位被評定為 4,032 萬日圓，這已經遠遠超越了泡沫時代的最高點 3,650 萬日圓！如今 2022 年，更是來到了 4,224 萬日圓的價位。

所謂的「路線價」，並不是真正的成交價，而是國稅廳用來課徵遺產稅與固定資產稅的課稅根基。除了「路線價」以外，還有一種價格叫「公示地價」，這個價位是屬於國土交通省所評定的公告現值，用來提供對於判斷經濟的動向以及房產交易時的參考指標。這兩種價位，都是政府機關公布的評定價格，只不過是由不同單位統計，用於不同用途而已。

NOTE

2022 年的公示地價，銀座採樣的地點是「銀座四丁目的山野樂器行」，1 ㎡為 5,300 萬日圓，一樣是超越了泡沫時期當時的價位。也就是說，無論是「路線價」還是「公示地價」，日本政府已經「掛保證」銀座的地價超越泡沫時期了。

東京等大都會持續創高,二、三線都市持續下跌

即便東京的地價已經大幅上揚,但反觀其他二、三線的地方都市,還是有許多地方的地價漲不動。也就是「一個國家兩樣情」。

有大規模再開發的都市、人口集中的都市、觀光需求的都市,地價越來越高。但日本目前的大趨勢就是少子化與高齡化,日本整體的人口就是持續減少。人口持續流出的地方城市,這些地方上的商業行為,也因為失去了人口的支撐,經營不下去,導致越來越多的商店關門以及產業外移。沒有了商店與產業,老年人生活越來越不方便,年輕人找不到工作,更加速了有能力的人往大都市流動的現象。這樣的惡性循環,使得東京等大都市的人口越來越多,房價地價越來越高,但這些小地方,沒有了人、沒有了生活機能,地價房價持續下探,空屋越來越多,看來以後日本房地產的「兩極化」,只會越來越明顯。

question
09

日本人還跟以往一樣，喜歡住郊區嗎？

從 2013 年起至 2017 年的這一段期間，日本的房地產已經漲了一波，但因為 2020 年還有一個奧運題材，在還沒有利多出盡的前提下，2017 年至 2019 年的新成屋以及中古屋市場，大致上還是維持著盤整緩漲的局面。但「都心」與「市郊」，可說是兩樣情。

▎「首都圈」與「東京都 23 區」

在此，我們先來了解一下「首都圈」與「東京都 23 區」所指的範圍有什麼不一樣。根據首都圈整備法的定義，「首都圈」指的是包含東京都整體以及其近郊的一都七縣（千葉縣、神奈川縣、埼玉縣、茨城縣、櫪木縣、群馬縣以及山梨縣）的區域，所指的範圍非常廣，高達 36,895 平方公里。而「東京都 23 區」，則是指東京都右邊的這 23 個「區部」，像是新宿區、澀谷區、杉並區 ... 等行政區域名稱是以「區」為名的地方，面積為 627 平方公里。（※ 註：不包含左邊的 26 個市）

＜首都圈＞

櫪木縣

群馬縣

茨城縣

埼玉縣

東京都

千葉縣

山梨縣

神奈川縣

一都三縣
（南關東）

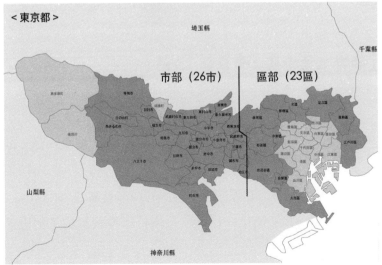

＜東京都＞

埼玉縣

千葉縣

市部（26市）

區部（23區）

山梨縣

神奈川縣

但在大部分關於房市的報導中，講到「首都圈」這個區域時，多半都是指「一都三縣（東京都 23 區 26 市＋千葉縣＋神奈川縣＋埼玉縣）」這個部分而已。而這一都三縣的區域，又被稱作是「南關東」，面積高達 13,556 平方公里。

當我們實際調閱出近幾年報導中所提及的詳細資料後，就會發現「東京都 23 區」的房市，其實跟「首都圈一都三縣（南關東）」的走勢不太一樣。說白了，就是「首都圈一都三縣」就類似我們台灣的「北北基桃」；而「東京都 23 區」則是相當於我們「台北市中心」，因此如果只看「首都圈一都三縣」的數據，而忽略了「東京都 23 區」單獨的數據，不免會有些失真。

▌新推案集中在「東京都 23 區」

「首都圈一都三縣」與「東京都 23 區」佔地範圍大小相差了近 22 倍，但「東京都 23 區」的新建大樓發售量，卻佔了「首都圈一都三縣」總量的約 43%～46%，將近快要一半。也就是說，首都圈一都三縣內的房市越來越「兩極化」：推案量集中的 23 區這一極，以及沒什麼推案量的其他近郊另一極。

　　「東京都 23 區」蛋黃區雖貴，但由於賣得動，因此建商還是集中在這裡推案。而東京都左邊的「市部」（※ 註：指小金井市、八王子市、立川市 ... 等行政區域名稱是以「市」為名的地方）與千葉縣、神奈川縣及埼玉縣等蛋白、蛋殼區，雖然比較便宜，但則卻沒什麼推案量。會有這樣的「一極集中」現象，主要還是跟日銀的「量化寬鬆」以及日本人的新觀念：「職住近接」（工作職場離住家接近）有很大的關係。

▌「職住近接」導致「一極集中」

　　由於日銀的量化寬鬆政策，使得日本房貸低利率，再加上銀行熱錢無處去，因此銀行對於房貸的放貸審核，也放寬了許多。在貸款「利率變低」、「成數又變高」的情況下，購屋民眾的購買能力著實提昇了不少。而現在日本人的家庭型態也已經不同於以往的單薪家庭，現在日本年輕夫妻，越來越多的是像台灣這樣雙薪家庭，也因此，家庭的購屋能力可以說是幾乎「倍增」。

　　雙薪家庭，就意味著這些家庭的居住型態必須是「職住近接（職場與住家要離近一點）」。以往的日本，大多只有爸爸在工作，媽媽則是全職的家庭主婦，在家照顧小孩，因

此以前日本人比較喜歡在郊區買個透天厝，除了可以讓小孩
接觸到更多大自然以外，房價也比較便宜。但如今，如果父
母都需要工作，那勢必白天得將小孩子送到幼稚園，下班之
後再去迎接。這樣，住家地點一定不能是離上班地點或幼稚
園太遠的郊區。也因此，即便都心蛋黃區比較貴，但由於貸
款成數也變高，購買能力也倍增，自然而然，新的購屋層就
不會去選擇郊區的房屋，而是選擇上班，接送小孩都方便的
都心。

▌老年人的「都心回歸」

　　不只是年輕夫妻往都心集中，就連上一世代的爺爺奶奶
也因為上了年紀，經常需要往返醫院，而且行動也不再像以
往那麼敏捷。如果繼續住在郊區，除了就醫不方便以外，生
活機能不好，也會讓行動不便的他們，徒增日常生活用品採
買的困難度。再加上他們的子女也都已經成家立業了，也在
都心買了自己的房屋，因此以後也不太可能再回到老家，繼
續住在郊區的大房子。因此，近年也越來越多老年人乾脆就
將郊區的房屋賣掉，改買都心的公寓大廈。除了生活機能方
便外，離子女孫兒也比較近。

此外，前幾個 Q&A 所提及的外國投資買盤也好、節稅買盤也罷，一定都是集中在都心。原因很簡單，因為都心的房屋流通性較高，想賣的時候才賣得掉，這也更加強了都心房屋的強勁需求。

就供給方（建商）而言，由於人手不足以及建材成本上升，與其蓋不好賣的郊區，倒不如去搶貴一點也賣得掉的都心建地，這也更加導致了「一極集中」的現象。

武漢肺炎導致日本房市大崩盤？

　　時間來到了 2020 年，距離東京奧運只剩不到半年的時間。這時日本各行各業欣欣向榮，全國充滿著歡樂的氛圍，就等待即將到來的奧運盛事。不料，在中國武漢市卻爆發了由新型冠狀病毒所引發的嚴重急性呼吸系統疾病（Covid-19、武漢肺炎）。短短的幾個月內，病毒就迅速蔓延至全球各地，這場維持數年之久的全球浩劫，就此拉開了序幕。

　　武漢肺炎全球大流行，日本自然無法置身事外，除了奧運被迫推遲一年舉行以外，還因疫情遲遲無法平息，導致 2021 年的東京奧運只能以無觀眾的方式舉行，經濟損失甚至高達了 1 兆 8 千多億日圓。再加上日本全國各地反覆多次的緊急事態宣言、蔓延防止措施、以及長達兩年多的國境封鎖，對於日本經濟的打擊更是無法估量。

首都圈 2020 年四月份中古屋與新成屋市場急凍

疫情爆發之後，隨著緊急事態宣言的類封城政策，日本的房地產交易市場急凍。原本應該是房市旺季的三月份、四月份，看屋人潮也因為緊急事態宣言而盪到谷底。建商也預期接下來的房市可能不太樂觀，因此許多原本預計公開的新建案也暫時喊卡。

根據 2020 年 5 月 15 日東日本不動產流通機構（REINS）所公佈的四月份首都圈（一都三縣）的「中古屋」成交戶數，當時公寓大廈型（マンション）產品僅成交 1629 件，與去年同期相比下跌了 52.6%；獨棟透天（戶建）型產品更是僅成交 686 件，與去年同期相比則是下跌了 41.5%。而這樣子的量縮跌幅，也是自此機構 1990 年成立以來，前所未見的幅度。

雖說成交量雪崩式地下跌，在武肺疫情緊急事態類封城的情況下，也是預料中的事。但不只成交量，就連成交價都失守。根據同一份統計資料，公寓大廈型產品下跌了 5.8%；獨棟透天型產品則下跌了 12.5%，可說是價量齊跌！

至於「新成屋」部分，根據 5 月 20 日由不動產經濟

研究所所公布的四月份新屋發售量，比起去年同期崩跌了 51.7%。若是與三月份相比則是崩跌了 68%，僅有 686 戶。契約率則是 78.9%，換句話說，就是整個首都圈（一都三縣），整個四月份，新屋只成交了 541 戶而已。可以說是有紀錄以來供給最少的一次。

若依循「量縮價跌」的市場邏輯來看，似乎這波房市的頭部已成形，日本的房市應該要反轉向下了，因此當時雖然還在疫情的高峰，但卻已有許多中國人與台灣人虎視眈眈，聯絡了日本當地的仲介，線上看房，就等著房市哪天崩盤，打算進來大撿便宜 ...。

迎來 V 型反轉

疫情來襲，為了不重蹈金融海嘯時期因流動性不足而引發全球金融危機的覆轍，各國政府無一不是大撒幣。日本除了發給每個國民 10 萬日圓的給付金以外，還廣發最高 200 萬日圓的企業補助金給受疫情影響的公司行號，甚至還給餐飲業者高額的停業補助、店租補助，以及受影響的個人房租補助 ... 等。

　　租客拿了補助金，可以將店租、房租支付給房東，房東也因此不會面臨繳不出貸款的壓力，這也有效防止了因為資金斷鏈而可能導致的房產拋售潮，也無疑是啪啪打臉了那些等著房市大崩盤，想要來日本大撿便宜，夢想著財富重分配的中國人。

　　兩、三個月後，儘管疫情又迎來了第二波、第三波，但日本的日常生活以及經濟活動也逐漸適應了疫情下的新模式，房市也出現了遞延性買盤。原先春季的房市旺季整個延遲到了暑假期間大爆發。這其中，又以「獨棟透天」型的產品，表現最為亮眼。

▌獨棟透天一支獨秀

　　「公寓大廈」型的產品多是在都心供給，而「獨棟透天」型的主力供給區域則是落在近郊。這點，我們也在之前的Q&A曾經提過。近年來，受到都心回歸、雙薪家庭職住近接與一極集中、老人賣掉近郊透天轉往都心電梯大樓等因素影響，「公寓大廈」型產品量價屢創新高。但因為「公寓大廈」型的產品，在疫情之下違反了三密原則（住在大樓就是居住密集、密接、又是集體密閉），再加上許多企業在疫情期間

改以居家辦公，不需要天天通勤，這也讓購屋者將眼光重新放到價格相對比較便宜的近郊「獨棟透天」。而正因為這些原因，讓「獨棟透天」型的產品再度受到關注，除了成交件數比起去年同期增長了 21.8%以外，價格更是節節高升。

此外，原先期待房市下滑的人，看到了即便在武肺危機下、即便在奧運延遲一年的情況下，房價仍然不見下跌。再加上類封城自肅期間，全家人一整天待在房子內，感覺到房屋狹小擁擠，意識到了居住房舒適度的重要性，這些原本還在觀望的人，也終於看開（而起心動念）開始找尋好一點、大一點的自住屋。況且，居家辦公也需要多一間房間，才有辦法安靜工作以及線上會議！

▌2022 大通膨

這樣的 V 型反轉，無疑是狠狠打臉了疫情初期時，那些嚷嚷著說武漢肺炎會導致日本房市大崩盤的專家。雖然說這次的危機，規模以及影響程度遠大於雷曼風暴，但金融環境以及房地產市場環境已不可同日而語。此次各國央行反應迅速、死命印鈔、卯起來發錢，成功避免了因流動性不足而導致的股房雙市崩盤危機，但卻也讓股房市與實體經濟脫鉤，

迎來了 2021 年的股市、房市一波暴漲，更是為 2022 年烏俄戰爭爆發後所引發的全球大通膨埋下了伏筆。

根據東日本不動產流通機構（REINS）的統計，「首都圈」中古大樓型產品的每平米（1 ㎡）成交單價，自 2020 年 4 月的 50.88 萬日圓，漲到了 2020 年 4 月的 68.72 萬，上漲幅度超過了 35%；中古透天型產品的成交總價，自 2020 年 4 月的 2,722 萬日圓，漲到了 2020 年 4 月的 3,664 萬，上漲幅度也高達了將近 35%。

而新成屋部分，根據不動產經濟研究所 2022 年 4 月 18 日所發表的 2021 年度市場動向，「首都圈」的新建案每戶均價則是來到了 6,360 萬日圓，這個數字刷新了泡沫時代 6,214 萬日圓的最高點，創下了歷史高價新紀錄。若是聚焦於「東京都 23 區」的新建案均價，則是從 2019 年度的 7,400 萬日圓，漲了將近 15%，一舉來到了 8,449 萬日圓，亦刷新了泡沫時期以來的新紀錄。雖然說「東京都 23 區」的每平米（1 ㎡）單價尚未突破 90 年代泡沫時期，但亦不遠矣。

看來，這一場武漢肺炎危機，不僅沒讓日本的房市崩盤，反倒還加速了房價的漲幅，讓房價回升到，甚至超越了 90 年代泡沫破裂前的水準！

令人感到不可思議的巧合，就是 1988 年時，美元兌日圓的匯率正好為 128、1989 年為 137、1990 年為 144，當年日本房價與日圓的關係，正好與如今 2022 年的 122～144 走勢，如出一轍 ...。

三、
觀念篇
買房技巧與投資策略

03

買房，日本人跟你想得不一樣。把台北那招搬到東京，不一定就適用。

房價會漲會跌？賣屋如何定價？建立正確觀念，才能贏在致勝起跑點！

question
11

在日本，買屋划算？還是租屋划算？

　　無論在台灣還是日本，「買屋划算？還是租屋划算？」，
這似乎是一個永遠的問題，怎麼討論都不會有一個定論。

▌台灣的情況

　　台灣的「房價租金比（Price-to-Rent Ratio）」懸殊，
房價往往都快要等同於 50 ～ 60 年份的租金。例如一間月租
1.2 萬（年租金 14.4 萬）台幣的房子，若賣到 900 萬台幣，
意思就是要收租 62.5 年，才有辦法將買房的本金回收（總價
900 萬 ÷ 年租金 14.4 萬＝ 62.5 年）。基本上一間房子如果
屋齡已經 62.5 年了，也差不多該打掉重建了，因此即便收租
62.5 年後，本金回收時，你手邊剩餘的有價值的資產，也就
只剩持分沒有幾坪的土地了。更何況這 62.5 年的期間，大小
稅金與管理費不說，總是會遇到需要重新裝潢、管線老舊、
設備換新等問題，林林總總加起來，可能也數百萬台幣跑不

掉 ...。但租房，則是可以想換屋就換屋，不用承擔稅金、裝潢等費用，也不用面臨有可能的房價下跌風險，因此「租屋划算派」的人就會認為「租比買划算」。

然而這二十幾年來，台灣的房價漲不停，即便有回檔也只是小幅度拉回個一、兩成，過沒多久就又漲了回來，而且還漲得比前一個波段高點還高。再加上全球通膨的環境，房價別暴漲就不錯了，還談什麼下跌？因此早買早划算，以後賣掉也可以賺到價差。此外，台灣的稅金以及管理費等成本，與其他先進國家相比根本就是微不足道。更何況，如果老了以後，自己沒房子，就算有錢想租房，房東都還不見得願意租給你。因此「買房划算派」的人，就會認為「買比租划算」。

▌日本的情況

在日本買房的台灣人，有很大一部分並非投資目的，而是有自住的需求。例如長期在日本工作的人、嫁來日本或在日本成家立業的人、或兒女來日本讀大學的人。而日本的「房價租金比」並沒有像台灣那樣，動不動就 60 倍（60 年），可能就大概 20 ～ 30 倍而已，因此與其租個小套房，倒不如直接買一間。

　　例如，一間月租 5 萬日圓（年租金 60 萬日圓）的小套房，可能售價大概也就 1,000 萬日圓初頭。換算為「房價租金比」，也才 16.6 倍。換句話說，如果是用租的，光是大學 4 年就得付出 240 萬日圓的租金。若兒女順利畢業後，在日本找到工作繼續租房，假設工作個 4 年好了，那這 8 年所付出的 480 萬日圓的租金，都快等於是半間房子的總價了，當然「買比較划算」。

　　但是也別忘了，日本的固定資產稅、大樓的管理費用、修繕基金，以及設備故障時的更換成本，都比台灣高上數倍甚至十倍以上。而且日本房市如果不是剛好遇到這次安倍經濟學下，長達十年的大牛市，基本上房價是會隨著屋齡增長而下跌的。因此精算這些費用以及跌掉的房價之後，或許反而會是「租比較划算」也說不定。

▍不同的時間，不同的答案

　　無論在台灣還是在日本，這個問題都沒辦法導出一個較合理且正確的結論。原因也很簡單，就是因為「你無法預測未來」。

　　但我個人認為，究竟是「買比較划算」還是「租比較划算」，其實答案「會隨著問問題的時間點而有所改變」。也就是說，買房後，可能某一個時間點（假設10年後好了），計算下來會是「租比較划算」；而另一個時間點（假設30年後好了），計算下來就會變成「買比較划算」。

　　我們來舉一個日本的例子：

　　假設你在1990年（相對高點）時，於東京都心買了一間房，買了一億日圓，假設它年租金是300萬日圓，那麼十年後，2000年時，你如果問這個問題，你得到的答案就會是「租比較划算」。因為，比起十年租金的3,000萬日圓，你房價跌掉的可能遠高於這個價位。因為2000年時，東京的房價跌了許多，即將探底，可能這間房子只剩6,000萬日圓。況且，買房子還有管理費以及稅金的問題。扣掉房屋的殘值，你可能會賠1,750萬日圓以上。

- 1990 年買價 1 億日圓－ 2000 年殘值 6,000 萬日圓＝損失 4,000 萬日圓
- 年租金 300 萬日圓 ×10 年＝省下房租 3,000 萬日圓
- （年固定資產稅 25 萬日圓＋年管理費 50 萬日圓）×10 年＝損失 750 萬日圓

..... 上述總計損失 1,750 萬日圓。

　　但如果同一間房子，同一個屋主，過了 30 年（2020 年）再問這個問題，很可能會得到完全不一樣的答案。2020 年時，中古屋的成交量以及成交價，都來到了相對高點，即便是 30 年的中古老屋，如果它是在都心五區內，價位很有可能早就回到了 8,000 萬日圓左右。

- 1990 年買價 1 億日圓－ 2020 年殘值 8,000 萬日圓＝損失 2,000 萬日圓
- 年租金 300 萬日圓 ×30 年＝省下房租 9,000 萬日圓（算 8,000 萬）
- （年固定資產稅 25 萬日圓＋年管理費 50 萬日圓）×30 年＝損失 2,250 萬日圓（算 2,700 萬）

..... 上述總計獲利 3,300 萬日圓。

　　若以 30 年的租金來單純計算，房租就是 300 萬 x30 年 ＝ 9,000 萬。也就是說，這 30 年來，你光是住在裡面就節省了 9,000 萬日圓的房租，買房的本金都快回本了。算得太嚴格？好啦，假設房租每年都會下滑一點點，我們就算 30 年的房租總和為 8,000 萬就好。

　　你買房的總成本為 1 億日圓，加上每年管理費修繕費以及固定資產稅約 75 萬日圓，30 年就是 2,250 萬日圓。由於管理費用以及修繕費用會隨著屋齡而遞增，因此我們就算嚴格一點，算 2,700 萬日圓好了。

　　總成本為 1 億 2,700 萬日圓。若賣掉，扣除房屋殘值市價 8,000 萬日圓，你這 30 年的居住成本就是 4,700 萬日圓。

　　對比租房 30 年要 8,000 萬日圓，買房的居住成本只需要 4,700 萬日圓，當然是「買比較划算」！好啦，買賣時的交易成本仲介費，就算 600 萬日圓好了，都還是「買比較划算」。

　　「租划算，還是買划算」？無論在日本還是在台灣，這個問題本身都沒什麼意義。因為，誰都沒有辦法預測未來的走勢，你也沒有辦法預測你未來的哪一年想要賣屋或被迫需

要賣屋。重要的是，你買的房屋究竟自己住得開不開心，能否長居久安？你今後是否都會一直安穩待在這裡？還是每隔幾年就會換工作地點，要搬家？我想，這才是最重要的考量。

question 12

如何判斷房價是頂部還是底部？

　　前一個 Q&A，我們討論到了「到底是買屋划算，還是租屋划算」，這不光是台灣自住客的煩惱，也是日本自住客經常思考的問題之一。

　　房價與租金都是波動的，但無論是台灣還是日本，比起「房價」的波動，「租金」的波動向來都比較小。因此這也導致了看似高房價時期，「租就會比買划算」，而低房價時期，就似乎是「買比租划算」。

　　我們上一篇，已經嘗試使用「房價租金比」的概念，來簡單思考這個問題，因此本篇不再探討房價高低與租買問題，本篇要來借鏡日本的房價循環歷史，檢視看看，怎麼樣的指標出現時，會是房價的相對高點，又怎麼樣徵兆出現後，會是房價的相對低點。

▍房價循環的四個時期

房價循環有四個時期，分別為：

「復甦成長期」→「繁榮過熱期」→「衰退冷卻期」→「消沈谷底期」

從谷底爬升時的「復甦成長期」；開始飆漲接近頂端的「繁榮過熱期」；漲到一定的程度大家都開始縮手不買的「衰退冷卻期」；接下來就是建商賣不掉降價賣的「消沈谷底期」。等到價位落到自住客願意進場的價位，又會再度從谷底爬升，進入下個循環階段的「復甦成長期」。

上一次日本房市循環的「復甦成長期」，就是從

2002～2003 年開始起漲。接下來的 2005～2006 年則是「繁榮過熱期」。2006～2007 年價格到了頂。而 2008～2010 年則是金融海嘯爆發後的「衰退冷卻期」。2010 來到了谷底的「消沈谷底期」。此時，房價其實也下來了，按照正常的房市循環，應該要進入「復甦成長期」才對，不過卻又在 2011 年遇到 311 大地震，使得原本已經進入「復甦成長期」的房市，再度退回「消沈谷底期」。直到 2013 年的安倍經濟學，才又再度進入目前這個新的房市循環「復甦成長期」。

高點反轉的關鍵密碼「1.5 倍」

那，房價漲到怎樣的價位，就有可能會讓房市從「繁榮過熱期」的山頂，開始走下坡，進入起跌階段的「衰退冷卻期」呢？根據以往的經驗，就是大約落在「房屋貸款還款金額是房租的 1.5 倍」時（※ 註：以零自備款全額貸以及 35 年貸款為計算前提）。

根據日本房市專家櫻井幸雄在自己的著作「不動產の法則」中提及，自住客能夠忍受的房貸最高金額，大概就是房租的 1.5 倍左右。也就是說，假設購屋與租屋的產品等級跟地點相同，如果原本租房時，房租 10 萬日圓的人，如果是

為了買自己的房屋，他們吃苦耐勞繳房貸的忍耐極限，大概就是在月付 15 萬日圓左右。也就是說，如果房價漲到每個月償還房貸必須到 16 ～ 18 萬日圓，他們可能就付不出來，而選擇租屋。到了這樣的價位，建商賣給一般自住客的房屋就會滯銷，賣不掉只好降價賣，就會讓房市從「衰退冷卻期」逐漸步入「消沈谷底期」。

而現今 2022 年，很明顯地是處於「繁榮過熱期」，至於什麼時候會進入「衰退冷卻期」？可以觀察看看日本銀行什麼時候升息、升息幅度大小、以及依照上述的利息與房價，計算看看是否已突破還款金額 1.5 倍這個關鍵密碼。

█ 低點反彈的關鍵密碼「5%」

看完山頂跌下來的指標，那 ... 房價要跌到怎樣的地步，才會從谷底的「消沈谷底期」，再度爬升至下一個房市循環「復甦成長期」呢？也有一個指標。就是房價跌到「租金投報率超過 5%」這個標準（※ 註：這裡指的是自住型的產品，而非投資型的產品）。

投報率的詳細計算方式，可以參考同時上市的『日本買

房關鍵字』一書。大略說明：就是在租金不變的前提之下，「房價高、投報率就低；房價低、投報率就高」。也就是房市要從「消沈谷底期」進入「復甦成長期」，至少房價要跌到其「租金投報率可以高達 5%」以上。

「為什麼是 5% 這個數字呢？」

因為房價跌到了這個地步，自住客就會認為「買比租划算」，而且投資客也會因為投報率變高，有利可圖而開始進場投資。也就是說，在歷史經驗上，大概房價跌到了這個地步就會有支撐，自住型以及投資型的買盤就會進場。

當然，如果因為一些經濟情勢上的原因，使得一間房子跌到投報率高達 8% ～ 9%，那換個角度想，若以剛才那個租屋 10 萬日圓的例子來說，購屋者償還的房貸可能只要 7 ～ 8 萬日圓。比起剛才的 1.5 倍（15 萬日圓）便宜將近半價，自住客一看也知道「買比租划算」，本利攤還繳的房貸，還比房租便宜！而投資客也會認為這麼高的投報率，就等於是「叫房客幫你繳房貸」。因此房價若跌到這個指標，也差不多就是安全水位了，除非房子所在的區域非常差，根本租不出去，不然在這個價位買進，風險相對小。

舉例試算一個房屋的「頂」以及「底」

舉個實例來試算：

假設一間 3LDK 都心的房屋，租金為 22 萬日圓。它的房價漲到哪裡，可能是「頂」呢？

若以租金是房貸的 1.5 倍為頂部，也就是 33 萬日圓的話，回推房價（35 年貸款利率 2%）就是大約一億日圓，再漲上去自住客就很難支付了。

●計算方式：
330,000÷3313=99.6 百萬日圓＝ 9,960 萬日圓
（大約一億日圓）

（※：註「3313」為貸款 35 年、本利攤還、貸款利率為 2% 時，每百萬日圓的還款金額。詳細計算可參考『日本買房關鍵字』一書的 2-6 還款一覽表。）

那它房價跌到哪裡，可能是「底」呢？

若以投報率 5% 來計算的話，房價就是 5,280 萬日圓。也就是說，買進的房屋如果低於這個價位，大概風險就已經相對小很多了。

●計算方式：

220,000×12 個月 ÷5%=5,280 萬日圓

（※：以投報率回推房價的計算方式，可參考『日本買房關鍵字』一書 3-2 的說明。）

也就是說，這一間房屋只要低於或接近 5,280 萬日圓，就值得買進。若高於 9,960 萬日圓，就得多加觀望。

不過這裡提醒讀者一點，歷史經驗只能借鏡。上面的計算方式，是基於房市專家多年來的經驗所推導出的合理價位區間。但房地產的價格與總體經濟、利率、匯率、全球經濟情勢皆有很密切的關連，影響漲跌的要素也很多。因此也不能說，以前是這樣，今後也一定是這樣。上面的歷史經驗，僅供各位購買房屋時，一個可以衡量的尺度，讓你心裡有個準兒可以拿捏。

question

13

合資買房，可行嗎？

三五好友，一起合資買日本房，可行嗎？其實這考驗著
你們之間的情誼！

買得起的漲不了

不動產投資界流傳著幾句名言：「買得起的漲不了」、
「越貴的漲越多」。

「買得起的漲不了」，意思就是說，個人的資金能力有
限，但其實大部分的「個人」可以買得起的物件，就是這市
場上量最多、最普通、最沒什麼特色的物件。因為建商在開
發物件時，就是以末端消費者的「個人」為銷售對象在規劃
產品的。這樣的物件將來如果要轉賣，也往往會因為不具有
稀少性而沒什麼獲利空間。

　　而「越貴的漲越多」，意思則是，若挑選地段好、產品高檔、同時又具有稀少性的產品，因為這些產品的價位多半都是富裕階層才買得起的，因此以後想脫手時，拿出來賣，也是賣給另一位富裕階層的。「有錢就是任性」，只要下一個買方看了喜歡，他就會因為這個產品本身具有稀少性跟特殊性而買單。這也就是為什麼往往越貴的房子，在房市上升階段時，會漲得更兇的原因。

　　因此，若可以結合大家的力量一起投資買房，除了可以買到等級較高的產品以外，還可以分散部分的風險。

　　的確！像是 J-REIT、私募基金等，就是結合眾人的力量，來投資上百億、甚至上千億的標的。但基金投資與朋友之間合資的層級完全不同，基金有專業經理人操盤、白紙黑字寫好的投資模式、不同於個人散戶的金融架構、甚至會有特殊的租稅優惠…等。但如果只是一般幾個好友合資，多半到最後會因為「人多嘴雜」而宣告失敗。

經營理念大不同

　　每個人對於投資的承受度不同、冒險心不同，也對於獲利的認知不同。

　　我公司曾經有個員工，與一夥人合資當二房東，在新宿區租了間屋齡 30 幾年的便宜破舊透天老厝。花錢重新裝修後，再以 Share House、類似我們台灣「雅房」的模式分租出去。但，合作期間，這夥人對於裝潢應該要花多少錢？找來的工班施作品質是否達到要求？對於壁紙的顏色、內裝的樣式應該要怎樣選擇？... 等，每個人的意見都不一樣。

　　有些人覺得不需花太多錢裝潢，房子也能租出去。但有些人則認為多花一點錢裝潢，加點小巧思，可以租到更好的價錢、創造更高的收益。有些人對於工班施工的品質，認為普普即可，但有些人卻認為必須要展現出更有質感的設計才有辦法創造出更高額的租金收益。對於冷氣的品牌、浴室究竟要不要有浴缸…等設備，意見也經常談不攏。施作期間的監工裝潢、乃至於後續 Share House 的租客管理，都不是一件容易的事。有些人認為自己做的事情比其他人都多，但卻沒有拿到比較多的錢而心生不滿，但出資較多的人則認為自己佔的股份大，本來就應該得到更大的獲益…。

對於空屋期的忍受度，大家意見也都不同。有些人認為不應該降租金，等到租賃繁忙期，自然就會塞滿房客，因為他考量到後續若要出售轉讓經營權，最好維持帳面上漂亮的投報率。但有些人卻認為，將來要長期經營，也不打算出讓經營權，與其空在那裡兩、三個月，損失這些租金，倒不如降租金快快租掉還比較實在。此外，就連目標客群、租客審核等，每個人的意見都不同…。

我每天在公司光是聽他抱怨這些東西，就不缺茶餘飯後的話題。就這樣，原本是好朋友的一群人，也因為這些利益分配喬不攏而搞到大家鬧翻。

▋買賣時機喬不攏

買屋亦然。合資買屋時，究竟出價要出到哪個價位，每個人意見都不同。有些人對於市場理解比較深，知道這個物件難得釋出，即便以高於市價一點的價位，都值得搶進，因為後續漲幅可期。但有些人卻認為，取得成本墊得太高，到時候轉賣的獲利空間會被壓縮，因此寧願放棄已經洽談中的物件，考慮買進更便宜的其他物件。但殊不知其他便宜的房子，可能將來的漲幅空間，不會有貴的這間這麼可觀。

這些評估，誰對誰錯，都沒有辦法在買屋當下就知道答案。如果買貴了，到最後賣出的價位又不理想的話，另外一派就會責備說：「看吧，早跟你講不應該出價這麼高」。但如果買便宜較差的物件，幾年後發現沒買成的那一間貴的，漲幅超乎預期，這一派又會說：「看吧，當初叫你貴一點買，你就不聽。買這個便宜的，到最後賣不掉」…之類，難聽的話就出來了。

出售房屋時亦然。大家對於出售的時機點，很難有統一的見解。理解市場趨勢的人，知道現在是賣點，若晚幾個月賣，可能就沒有這麼好的時機。這一派人寧願少賺一點，也要及時出場。但有些人，就是認為「撐久了就是我的了」，很有可能為了多賺個 5%，而錯失了黃金賣屋時期。

此外，每個人的財務狀況也不同。撐久，對於某些人而言，多那幾個月的利息錢跟管理費只是九牛一毛，但對於另外一夥人可能就必須將收入的一大半都拿來繳房貸跟管理費以及稅金，這些人當然希望早點出場（即便少賺一點）。

究竟什麼時候賣才對？也都是要事後一、兩年後才會知道。而這多半都會演變事後諸葛、互相責備。

▌稅金問題搞不定

要找到觀念一致、金錢實力相當的投資夥伴非常不容易。很多事情，只要有了第二張嘴，往往會賺錢的，都會變成賠錢。

更何況，外國人合資購買日本房，無論是收租還是轉賣，都還要面臨「源泉徵收」的問題（※ 註：請參考 Q40）。也就是外國房東出租房屋時，如果是法人租客，房客還得先幫你預扣所得稅。若是合資買屋，兩、三個房東，就等於這三個房東都必須各自另聘稅理士，辦理確定申告與退稅。光是稅理士的費用，可能就會壓縮你的投報率。

更不幸地，如果你所信賴的友人，捲款而逃 ...。

因此到底要不要合資買房？與其先評估這個投資賺不賺錢，倒不如先評估你們之間的情誼穩不穩固！

「出生率」會影響房價嗎？

房地產的價格，與人口有密切的關係。日本有些專家以「合計特殊出生率」的角度來預測未來的本房市。專家指出，很有可能以後每個人都有免費的房屋可以住。

▌合計特殊出生率

所謂的「合計特殊出生率」，簡單來說，就是「一個女性在一輩子當中，可以生出幾個小孩」的一種指標。一個爸爸，一個媽媽，兩個人這一輩子至少要生兩個小孩（兩個老的製造兩個小的），人口才能維持一定的數量。換句話說，就是「合計特殊出生率」必須高於 2（嚴格來說是 2.07），日本才可免於人口減少的隱憂。

1970 年代，日本的合計特殊出生率大約維持在 1.77 ～ 2.14 左右。但由於現在日本少子高齡化、人口日益減少，尤

其又受到武漢肺炎疫情的影響，當前 2022 年，日本的合計出生率已經跌到只剩 1.3，也就是一夫一妻兩個人只能生產出 1.3 名新生兒。日本的人口，正在以驚人的速度逐漸減少中，也難怪全球首富埃隆‧馬斯克會發推文感嘆說「日本總有一天會從地球上消失」！

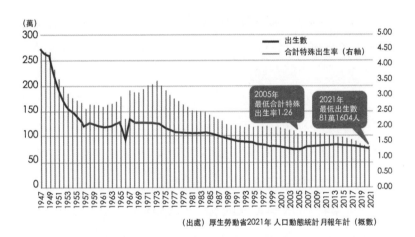

（出處）厚生勞動省2021年 人口動態統計 月報年計（概數）

▋以後房子不用錢？

正因為日本低迷的出生率，有些房市專家就認為再沒幾年後，日本的房子就等於不用錢了。為什麼呢？讓我們舉幾個狀況來看看：

　　情況一：假設老爸是家裡的獨生子，老媽也是，那麼老爸老媽兩個人就會從爺爺奶奶各自繼承一間房子，也就是總共會有兩間房子。

　　情況二：若老爸家裡是兩兄弟，媽媽為獨子，三個人分兩間房子，則至少這個家庭可以繼承 1.5 間房子。

　　情況三：相反若是媽媽家是兩姐妹（兄妹）等，爸爸是獨子，也是繼承 1.5 間。

　　情況四：即便老爸老媽兩人都是有兩個兄弟姊妹的，每個家庭也至少都會有一間房子可以繼承。

　　以目前日本的合計出生率 1.3 來看，上述四種模式當中，至少前三種（2 間跟 1.5 間的），身為第三代的孫子都會有免費的房子可以繼承（房子有 1.5 間，小孩卻只有 1.3 人）。而又因為現在的合計出生率為 1.3 而已，因此第四種情況，也就是老爸老媽有兄弟姊妹的，其實佔少數。因此專家就認為，以後大家都有免費的房子住！

▌專家邏輯上的謬誤

　　我稍微查了一下台灣的合計特殊出生率，台灣 2017 年的合計特殊出生率就只有 1.13，還遠低於日本的 1.3。而 2021 年，美國中情局 CIA 還發表預測說，台灣的合計特殊出生率只有 1.07，是全世界最低。那麼，按照日本專家的邏輯，現在台灣年輕人買不起房的問題，就迎刃而解啦！孝順一點，等著繼承就好，不是嗎？

　　當然，我不是很同意這個觀點。從本書的 Q09 就可以得知，日本其實有很多等著被繼承的房屋，都是在沒有工作機會的郊區。到最後，這些繼承人還是會因為「職住近接」與「一極集中」往都會區流動，不會住在爸媽留下來的舊屋裡。因此，兒孫們想住在都會區，還是得掏出大把的鈔票來買房。

　　另外，專家們的說法，也忽略了一點，就是「房屋是有耐用期限」的。一般郊區的木造建築，不可能給你繼承到孫子代的時候，房屋都完全不用整修維護。木造建築就算實際上讓你用到 60 年好了，如果真的孫子輩的要居住，也差不多得打掉重建了，因此也不可能完全不用錢就可以有房子住。但至少如果是 RC 造的公寓大廈型產品，只要管理維護做得好，或許住三代應該是不成問題。

　　不過屋齡 60 年的公寓大廈，機能與格局、設備等，都與新建案無法比擬。60 年，建築技術日新月異，居住的性能以及舒適度也大為提升，因此「孫子」是否真的想要住在 60 年的中古屋？那可就不見得了。

　　日本自 1980 年代開始，出生率就每況愈下。如今也已經 40 年過去了，人口減少的副作用也早已顯現：那就是「兩極化」的房地產市場！沒有人口的郊區，再便宜都沒人要，甚至零日圓送你的房屋一堆，還是沒人要。但像是東京這種都會區，人口集中、機能方便，房價也頻創新高。這也告訴了我們，買屋時，慎選地點真的很重要！

賣房子時，售價怎麼定？

　　日本的不動產市場，這幾年價格漲了不少。而從 2013 年起，就陸陸續續有許多台灣人錢進日本的不動產市場。當初進場的，到現在也將近十年，因此就有些人打算獲利了結，把房子賣了。

　　「那找仲介賣房時，售價要怎麼定呢？」
　　「自己隨便開個高價可以嗎？」

　　當然可以。但日本跟台灣那種「開價嚇死人，成交笑死人」的文化不同，如果依照這種開價方式，可能連個來看屋的人都沒有。因此，在日本售屋時，多半會經過一道叫做「價格查定」的手續，先請房仲預估一下大概怎樣的開價才合理。

┃「價格查定」是什麼？

這跟我們台灣的方式有些不同。台灣向來就是屋主說開價多少就是多少，但是一直以來，日本的習慣就是：欲賣屋的屋主，先委請仲介業者「查定」出一個可以賣掉的價格，再以這個價格為準，多加價一點點（大概 5% 左右）掛牌出售。一來是因為日本一般老百姓不像台灣人這麼關心不動產市場，他們對於行情價格極為不敏感；二來是因為仲介也希望設定出一個好成交的價格，皆大歡喜。就因為日本的售屋者這麼不自立自強，因此時有所聞，就是屋主被惡仲介遊說後，低價賣出房屋，但自己渾然不知的悲慘經驗。

┃「開發信」與「查定價格」別盡信

在東京有房子的人，應該曾經收到不動產公司寄來的廣告信，說是可以幫你免費價格查定。有些文字甚至更誘人，說如果你賣不掉，仲介公司願意用現金立刻買進（不過想也知道一定是低價跟你買，再高價轉賣出去）。因此當你收到廣告信說「有山田太太想要買你房子」的宣傳單時，也別天真地信以為真，這些多半只是營業人員開發物件的手法而已。

　　至於查定價格，有些業者會跟你講「查定價格 6,000 萬日圓」，有些業者則是會說「查定價格 7,000 萬日圓」。那我到底該相信誰呢？其實這些日本的仲介業者並非專業的不動產鑑定士（估價師），因此他們估價的手法，說穿了就是參考過去成交紀錄、不然就是從收益還原法簡單計算出來，認真一點的還會稍微計算一下建築成本以及建物折舊。因此，會有上述 6,000 萬日圓～ 7,000 萬日圓這麼大的落差，有可能就只是使用了不同的查定手法所導致出來的偏差而已。

▎小心開高價的房仲

　　不過在日本售屋時，你可能得對「開高價賣」的仲介要有戒心。因為有可能他只是藉由開高價，騙你說可以賣到 8,000 萬日圓，讓你心動想賣房子，進而讓你簽下專屬專任契約（※ 註：請參考同時出版的『日本買房關鍵字』2-2），回去跟上司有個交代而已。因為「聽說」大間的不動產業者，業務人員的壓力其實很大，必須達到一定的業績，簽進一定的案量，不然會被上司狠削一頓。

　　然後，把你的物件開高價簽進來之後，你就不能給其他仲介賣了，至少合約中的三個月，這位仲介享有你物件的

獨賣權。而這仲介當然也知道把你簽進來的這個 8,000 萬日圓的價格高於市場行情，因此他也不見得會幫你專心賣屋，會先把你的物件「晾」在一邊，完全不推銷。等到晾了一陣子，你急了，想說怎麼都賣不出去，這時業者再跟你講說，「賣太貴了，當初可能錯估形勢，不然你降個價到 6,500 萬好了」。如果你本身是要換屋的，急需現金，可能就會答應，中了這個仲介的圈套。

當然，也許市場行情價，7,000 萬日圓搞不好是賣得掉的，但或許這個仲介本身有另一個客人，他的預算剛好是 6,500 萬日圓，因此他以話術來誘導你降價，是故意要撮合你們兩個客人，好讓他可以輕鬆賺取買賣雙邊 6% 的仲介手續費的。再怎麼說，6,500 萬的 6% 仲介費，都比賣 7,000 萬但只賺 3% 仲介費好啊，不是嗎！

▌開低價的房仲就值得信賴嗎？

「等等，那剛剛那個查定 6,000 萬日圓的仲介是怎麼回事？」

或許他是良心仲介，依自己對於地區行情的熟悉度及靈

敏度，為你判斷出最接近市場的價格也不一定。但也有可能是他自己靈敏度不夠，不知道現在整體不動產市場正處於上揚的趨勢，還拿一年前的成交價在比價。因此身爲屋主的你，也必須要具備拿捏自己物件市場行情的功力。

怎麼拿捏呢？不外乎就是多去看看別人的物件怎麼開價、請仲介提供周遭實際成交價之類的。其他物件的開價，可以看 at home、SUUMO、HOME's、Yahoo 不動產等房屋網站。成交價格則是可以查詢國土交通省的實價登錄跟 REINS 的紀錄。

●一般公開的 REINS 實價登錄網站：
http://www.contract.reins.or.jp/search/
displayAreaConditionBLogic.do

●國土交通省的實價登錄網站：
http://www.land.mlit.go.jp/webland/

當然，直接在網路上多委託幾家不動產業者幫你免費價格查定，也不失為一個好方法。不過當你留下基本資料後，就會接受到各家房仲業務員的營業攻勢，一直要你給他們賣！

^{question}
16

接下來，房價會漲還是會跌？

　　房價的漲跌，永遠是購屋者最關心的議題。市場上的專家也總是意見分歧，有看空市場的專家，也有看多市場的專家。

▌空頭派這樣想

　　認為「房價到頂」的專家，舉出來的論述不外乎就是：

　　1. 價位已經超過一般老百姓的負擔，就連高薪一族要在東京都心買房都極為困難。

　　2. 房貸利率跌無可跌，壓縮銀行的利潤。很有可能因為日銀的政策稍稍轉彎，就讓房貸利率大幅上揚，引發房價下跌。

3. 成交件數減少，就「量先價行」的邏輯來看，高點「量縮」，就代表價位即將下跌。

4. 少子化的問題並沒有解決，且空屋率持續創新高。日本 2018 年的最新空屋統計顯示，全國空屋共 848 萬 9 千戶，佔總數的 13.6%，因此早晚供過於求。

▌多頭派這樣看

至於認為「房價還會派」的專家，則論述多為：

1. 都心的房屋並不是賣給當地上班族，是賣給擁有大筆現金的日本富裕層。此外，都心的房地產市場也是國際買盤市場，低廉的日圓匯率正好提供了外資大肆購買的絕佳時機，根本不可能會跌。

2. 日本國債因武漢肺炎創新高，高達 1,200 兆日圓。這筆龐大的債務會迫使日本銀行沒有升息的本錢。一升息，可能光是利息就會壓垮日本政府的財政。這也是為什麼即便日圓急貶，日銀還是堅持短期負利率、長期零利率的誘導政策。因此短期內，升息的機會不大。

3. 便宜的日圓導致進口原物料以及建材價格上漲，成本就是這麼貴，新成屋根本沒有降價的空間。新成屋價格穩住，自然中古屋的價位就不會下跌。

4. 無論是新成屋還是中古屋，目前市場上可賣的房屋數量本身就不多，當然成交件數會減少。但剛性需求並沒有減少，自然房價也不可能下跌。

5. 日本終於達到了通貨膨漲 2% 的目標，根據 2022 年 7 月 21 日發表的消費者物價指數，已經連續 10 個月上漲，且 4 ～ 6 月這三個月還連續上漲超過 2% 以上，可見日本已經脫離了通縮，進入了通膨循環。通貨膨脹，房價怎麼可能會跌呢？

6. 上世紀 80 年代，由於日圓高漲，導致許多日本的製造業出逃到海外，因此也引發了所謂「產業空洞化」的疑慮。但現在全球與中國的關係惡化，許多企業都積極地想要撤出中國，日企也不例外。當然，日本政府也鼓勵這些在中國（等海外）設廠的製造業可以回流日本。現在超便宜的日圓，正好提供了這些企業回流的動機。

雖然日本人口減少、勞動力不足，但近年日本逐漸放寬

工作簽證以及永住權的門檻，2022 年更打算進一步放寬「高度人才積分制度」，目的就是期望日企回流時，能夠一併將這些員工「帶回」日本，彌補勞動力的缺口。將來企業回流、工作機會增加、外籍工作者增多，房價怎麼會跌呢？（順道一提，「武藏小杉」一帶原本都是製造業的工廠，但就是因為當時企業出逃至海外，使得整個區域土地空出了不少，才讓這裡蛻變成了塔式住宅聚集的新興住宅區。）

嗯 ...。無論是看空還是看多，上述這些專家說話都還算是有所本，其論述也有一定的道理在。但我所認識的私募基金老闆，卻給了我截然不同的角度來思考這個問題。

▍私募基金老闆這樣看

首先，基金老闆認為任何一個量化寬鬆的國家，沒有一個地方的房價不狂漲的。道理也很簡單，就是貨幣價值被稀釋了，日圓不值錢了，當然相對於日圓，日本的不動產就應該要有很大的漲幅。現在美國帶頭開啟了升息以及縮表，也就是貨幣緊縮的政策，就連長達八年負利率的歐元區（2014 年 6 月導入負利率），也於 2022 年 7 月 21 日一舉升息了兩碼（0.5%）。就唯獨日本，仍然維持大膽的量化寬鬆以及零

利率政策，當然日本房價會繼續漲。

第二，日本的商業不動產就全世界的水準來看，都還算是高收益。就機關買家的角度來看，即使投報率已經從 4% 降到 3%（※ 註：<4%-3%>÷3%＝33%，也就是房價漲了 33% 之意），即便房租不太具有吸引力，但只要有機會將買到 3% 投報的物件，過一、兩年後以 2.5% 賣掉（※ 註：<3%-2.5%>÷2.5%＝20%，就是總價再加價 20% 賣掉的意思），就投報率的數字來看，仍是一個很有投資誘因的市場。

第三，全日本大概有兩成左右的家庭，家庭年所得是超過 1,000 萬日圓的。對於這些年收有 1,000 萬日圓（實際可支配所得大約 700 萬）的家庭，要購買東京都心 1 ～ 1.5 億日圓的房子，只需要實際可支配所得的 15 ～ 21 倍，這根本就是太便宜！而且注意喔，這裡還是用「可支配所得」來計算的，因此嚴格上來講，這並不是「房價所得比（年收倍率／ Ratio of house price to income）」。若根據調查機構東京鑑定 2022 年所發佈的所調查結果，日本房價所得比只有 8.41 倍，東京都則是約 13 倍，房價還不算太貴。

第四，日本人口一直減少，政府近幾年也開始重視了這個問題，對於居留權簽證也逐漸採取開放的態度。對於中國

有錢人來說，來日本開個公司，投資經營個五年即可歸化日本籍，住個十年即可申請永住權。空氣好、環境佳，房屋的產權又是私有制，因此有著十足的誘因。

除了富裕層，最近狂買日本房的，還有很多都是受不了強勢封控政策，而潤（Run）出中國的中產階級。對他們而言，現在日本的房價還是很便宜。而且看樣子，他們外逃的趨勢似乎不會改變。現在買房，以後再高價把房子丟給他們就好啦！

▍「磐石理論」與「空中樓閣理論」

聽完基金公司老闆的侃侃而談後，讓我想起了以前讀過的一本投資聖經：「漫步華爾街」。作者在第一章，就提及了兩大投資理論：「磐石理論」（firm-foundation theory）與「空中樓閣理論」（castle-in-the-air theory）。

磐石理論認為，不論是股票或是房地產，每一種投資工具都有確定的內在標準，稱為「真實價值」（intrinsic value）。舉個例子，如果一間房子，它的月租金是 30 萬日圓，一年可以收取 360 萬日圓的租金，那這間房子的合理價

位就大約是它 20 ～ 30 年之間的租金總和。也就是大約是 7,200 萬～ 10,800 萬之間，會是相對合理的價位。當這間房屋跌破或漲過這個合理價位的區間時，買進或賣出的時機就到了，因此就磐石理論而言，這種價格波動終究會被修正。

但「空中樓閣理論」則是強調心理因素。書中提及，成功的投資人應該要搶得先機，推測哪種情況最容易讓大家建築空中樓閣，然後比眾人早一步下手。對於投資家而言，一個項目之所以值得用目前的高價位購入，是因為他預期將來能夠以更高的價格賣出。這就像是預期「以後可以用投報率 2.5% 的價位賣掉」、「將來會有一堆潤（Run）出國的中國人來買東京屋」一樣。因此上述那個合理價位是 7,200 萬～ 10,800 萬之間的物件，就算它漲到了 1.2 億日圓，投報率只剩 3%，但只要將來有中國人願意以投報率 2.5% 的價位，也就是 1.44 億日圓接手即可（※ 註：年租金 360 萬 ÷2.5%=1.44 億）！

沒錯，「空中樓閣理論」強調的就是大眾心理。聰明的投資人要做的，就是比別人搶先一步。也就是說，管它房價合不合理，你大可用「真實價值」的 3 倍價位買進，只要以後可以找到願意以「真實價值」的 5 倍價格來買的人來買行了。看來，我這朋友屬於「空中樓閣理論」的實踐者。

最後他問：「TiN，那你覺得今後的日本房市會漲還是會跌？」

我回答說：「我不知道！」

四、
東京篇

04

用在地眼光，帶你探索大街小巷

外國人想買的地方，日本人可能避之唯恐不及。買在哪裡才是上上之選？

作者長居東京超過十年，走遍大街小巷，為你揭開各地區的神秘面紗！

question
17

東京都長怎樣？

　　日本全國的行政區，劃分為「都、道、府、縣」。「都」，就只有「東京都」；「道」，當然就是「北海道」；「府」，則是「京都府」跟「大阪府」；而「縣」，就有 43 個縣了。而其實光是一個「東京都」，就有 2,188 平方公里之大，幾乎快要等於我們台北市（271 平方公里）加上新北市（2,052 平方公里）的總和了。

　　而東京都，其實大致上可以分成左右兩部分。東京左半部有 26 個市（八王子市，府中市，立川市，三鷹市，小金井市 ... 等）；右半部有 23 區（新宿區、澀谷區、港區 ... 等）。前者我們一般稱為「市部」或者「東京都下」，後者我們稱為「區部」。若加上離島地區，則是還有 5 個町（奧多摩町、八丈町 ... 等）與 8 個村（檜原村、小笠原村 ... 等）。

　　比起「市部」，東京「區部」的 23 區，其實才是東京的精華所在。

　　大家都說，如果要投資不動產，就要買在 23 區。是這樣講沒錯啦，不過其實光是這 23 區，它的面積也高達了 623 平方公里，也將近快要是台北市 12 區的 2.3 倍之多了。就是因為範圍這麼廣，因此才會有投資家，直接主張將板橋區、北區、足立區、荒川區、葛飾區、江戶川區，這幾區排除在外，僅聚焦於剩下的 17 區。而更有經濟實力的人，則多半只看最精華的「港區、千代田區、中央區、新宿區、澀谷區」這都心五區。就我們台灣朋友來日本投資，也多半都是集中在這都心五區。這一個 Q&A，我們就稍微來淺談一下東京各區的樣貌吧。

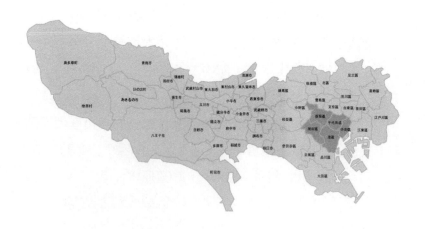

▌超都心：千代田區、中央區、港區

「千代田區」，除了大半都是皇居的腹地外，國會議事堂（參議院、眾議院）、首相官邸、最高裁判所、警視廳、各省部會、多國大使館、皆座落於此，因此，這一區可以說是國家權力的核心。另外，知名大學一橋大學、上智大學、法政大學、明治大學等，也是在這一區裡面。這一區，就相當於台北的中正區博愛特區。書店街神保町、電器街秋葉原、以及由三菱地所主導的大規模開發的東京車站丸之內一帶和商業重鎮大手町也都是屬於千代田區。

這裏雖然貴為東京的中心，不過就居住的人口分佈來說，千代田區就像是甜甜圈的中心一樣，是個空洞。這裡居住人口不多，生活機能也比較薄弱。而這裡最高貴的住宅地段，莫過於「番町」一帶了。它與皇居比鄰，一直以來都是住宅地公示地價排行榜的第一名，直到 2018 年，住宅地地王的地位才拱手讓人。（※ 註：2022 年住宅地地王：港区赤坂 1 丁目 1424 番 1『港區赤坂 1-14-11』／商業地地王：山野楽器銀座本店『中央區銀座 4-5-6』）

「中央區」，比較像是金融商業重鎮。如銀座、日本橋一帶。也因為日本銀行（日本中央銀行）與東京證交所皆位

於此處，因此可以說是日本的經濟中心地，當然也有許多日本大公司的總部設立於此。若要說它像台北的哪裡？中山區吧，似乎有點像。而中央區的灣岸一帶，如勝鬨、晴海等，蓋滿了高層水岸超高層塔式住宅，還真的有點像是中山區裡面的大直。而晴海這裡則是有奧運村改建的住宅建案「晴海Flag」，因此現在被形塑為新興住宅區。至於馬喰町、人形町等地，則屬於早期發展的下町（老街）。

「港區」，算是最精華，也是東京平均年收最高的一區（2021年港區平均年收為1,185萬日圓）。東京都會的代表六本木、赤坂就是位於這一區。除此以外，高級、閑靜的住宅區：青山、麻布等，也是位於此區。許多人認為，住址上有個港區，就是有錢人的象徵。有了3A（青山Aoyama、麻布Azabu、赤坂Akasaka）或1R（六本木Roppongi），那更是成功人士的代表，因此也有許多年輕男女想盡辦法也要在此處租屋。

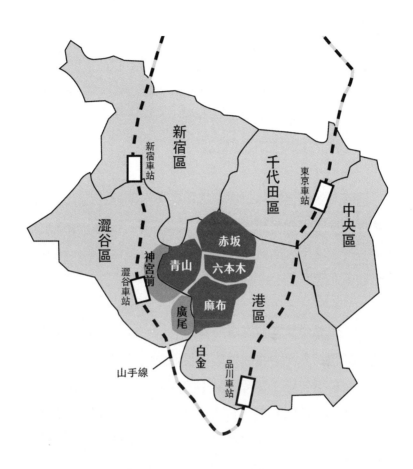

新宿區
新宿車站

千代田區
東京車站

中央區

澀谷區
神宮前
澀谷車站

赤坂
青山
六本木
麻布
港區

廣尾

白金
品川車站

山手線

　　南青山一帶,優質的店舖與餐廳,有如中山北路二段巷弄中的悠閒。麻布、白金台等知名住宅區,則是匯聚了各國大使館。六本木則是有如我們的東區及信義計畫區,好玩的夜店、餐廳及百貨公司林立,充斥著五光十色的年輕時尚男

女。廣尾的有栖川宮記念公園，也有如我們的大安森林公園，深受老外以及高資產階級的喜愛。另外，同屬於港區的品川車站一帶，則是東京新門戶。將來的磁浮列車、現在到羽田的機場快線都匯集於此，車站上方也有許多百貨公司，有如我們未來的台北車站雙子星特區。

港區，就像台灣的大安、松山區。有閑靜的住宅區，也有熱鬧的東區一樣。而一樣是在港區裡面，新橋以及最近都更很夯的虎之門，則是屬於商業區，而不是住宅區，雖然這裡也蠻多住宅型的塔式住宅建案。

這三區是東京都最精華、最中心的三區。一般日本的不動產專家也認為，中古物件能夠長期維持破億房價的，大概也就只有在這三區。在房價暴漲的這幾年，這三區的許多高級物件價位少則漲一倍，多則翻了兩、三倍。雖說這三區的房價保值，但如果資金潮消退或面臨房市反轉時，虛漲過多的假豪宅，就很有可能面臨重挫的危機。

▌蛋黃都心五區：再加上澀谷區與新宿區

台北，大家都想擠進大安區。東京，雖然港區很棒，但其他區域的居住品質其實也不遜色。例如「澀谷區」。大家聽到澀谷，都是想到澀谷車站附近的雜亂。但其實原宿、表參道等知名商圈，精品大道，甚至連新宿南口高島屋一帶，也都屬於澀谷區喔。

就居住的區域上來說，澀谷區有濃厚時尚氣息的代官山、惠比寿。說像台北市的哪裡，可能天母一帶吧。不過代官山、惠比寿這些地方的交通，比天母方便。另外，台灣人較不熟悉的松濤、神山町、富ヶ谷與上原 ... 等，屬於純住宅區，這些地方也都是都內屈指的高級住宅區，居住了不少政商名流。例如，台灣人最喜歡的已故安倍前首相，就居住在澀谷區富ヶ谷的頂級住宅內。

松濤一帶又被稱作是日本的比佛利山莊，其中又以一丁目一帶，蓋滿了許多透天豪宅，而且看得出來建築都頗有特色。許多著名人以及企業主也居住於此，還真有點像是陽明山上獨棟的豪宅。

「新宿區」應該是台灣朋友最熟悉的地方。西新宿，超

高層大樓，企業商辦林立，還有許多知名飯店，如京王、華盛頓、君悅酒店等。而東京都廳，也是座落於此，就像台北市政府位於信義計劃區一樣。因此西新宿就有點像是信義「計劃」區，因此又有「新宿副都心」的美名。而西新宿商辦大樓的外圍，隨著西新宿五、六丁目一帶的大規模的住宅開發，這裡也漸漸型成商辦區旁的住宅區。感覺倒是有點像新北市板橋的「新板特區」一帶。

新宿車站以東，主要是吃喝玩樂，大買特買的地方。紅燈綠酒的歌舞伎町、百貨公司林立的新宿三丁目、韓國城大久保都是位於此一區域。因為商業活動繁雜，所以居住的環境就比較沒那麼理想，但吃東西買東西還蠻方便的。因此，說它是東京版的林森北路、條通、中山站一帶，似乎也說得過去。

而東京著名的學生街：高田馬場，也在新宿區。週邊有許多語言學校、專門學校，以及著名的早稻田大學也坐落於不遠處。近年來，高田馬場一帶深受中國移民的喜愛，附近也開了不少間正統的中式料理店。而在武漢肺炎期間，雖然當地店家迎來了一波倒閉潮，但許多中國物產店卻趁機搶佔店面，使得高田馬場一帶越來越有小中國城的氛圍。

而新宿區自古以來的住宅區，就屬於下落合一帶與市ヶ谷到神楽坂一帶了。這一帶環境清幽、且機能方便，是個不錯的高級住宅區。

近郊閑靜住宅區：城南四區

品川區、目黑區、世田谷區、大田區這一帶俗稱「城南」，可以說是聞名的「低層高級住宅區」。東急電鐵集團很早就在此處插旗，如果各位來東京旅行時，應該有發現，從澀谷車站延伸出去的，大部分都是東急的鐵路線，如：東急東橫線、東急田園都市線等。而其他城南地區的地鐵運輸，也多是東急的地盤，如：東急池上線、東急目黑線、東急大井町線、東急世田谷線等。

東急的創業者極有遠見，大規模近郊市鎮開發，拉鐵路線，每個車站附近也都有自家的賣場及超市。也就是因為這樣，才會造成東京，即使「城南地區」與「城東地區」兩者離東京車站的距離差不多，但因為完善的規劃及開發，導致兩者地價相差三倍之多。就有如果我們台北的西區與東區房價感覺一樣。所以「離東京車站的距離」，並不是衡量房價的唯一標準。

　　東急東橫線上的精華地區，有因日劇而走紅的中目黑以及代官山。這裡也因為車站週邊的大規模再開發，使得兩站逐漸形成了一個共同商圈。每年賞櫻季，目黑川都會被朝聖的觀光人潮塞到水洩不通。這條線另外一個熱點，自由之丘，也是獨樹一格的商圈。再往下走，甚至離開東京都，到了神奈川縣的「武藏小杉」，則是近幾年很夯的新興市鎮。大規模的市街開發，還有點像是林口的造鎮。而因為交通與生活機能日趨完善，也使得這裡的房價已經與東京都心精華區平起平坐。但前幾年發生的超高層塔式住宅大樓淹水問題以及通勤時間車站塞爆的問題，也使得「武藏小杉」的名聲蒙上了一層灰。

　　「世田谷區」，面積很廣，是僅次於大田區的第二大區，同時也是一般東京都民心中的高級住宅區。當然，它比不上松濤，廣尾、麻布等正都心的一等地，但也的確住了許多非富即貴的人。不過近年來受到「都心回歸」的影響，世田谷區的光彩逐漸黯淡。

　　日本人，對於高級住宅區的想法，可能跟我們台灣人的想法有點出入。台灣想到高級住宅區，無非就是像「仁愛帝寶」，或者「信義計劃區」那一整排的豪宅區。當然，像是這類型的，在日本也被定義為很高級。如六本木之丘等。不

過更是有許多人喜歡住的是安靜的低層住宅。日本的都市計劃法中，對於用途地域（用地區分），光是住宅系列的，就有一低層、二低層、田園住居、一中高、二中高、一住居、二住居以及準住居等八種（台灣很像是住一～住四）。而這裡面，又以一低層的規定最為嚴格。除了建築物有限高 10 公尺或 12 公尺以外，就連超過一定規模的商店都不能開。日本人，似乎特別喜歡這樣安靜不受打擾的環境，因此世田谷區就形塑出了日本高級住宅區的形象。

世田谷最精華的地段就屬於「成城學園前」了，除了車站附近的用地區分是「近鄰商業地域」跟「一中高」以外，全部都是「第一種低層住居專用地域」。就是因為這樣的住商分離，讓「成城學園前」，乃至于整個「世田谷區」在日本人的心中，變成了高級住宅區的代名詞。

至於大田區，是城南四區中價值最低的一區，空屋多，因此投資此區時務必對附近的小環境以及人口做更深入的研究。不過大田區的田園調布一帶，則是都內中首屈一指的高級住宅區。平成歌姬濱崎步，就是住在田園調布的十億日圓豪宅。

▌城西二區：中野與杉並，庶民文化色彩濃厚。

「中野區」，很廣。而中野車站附近有好幾個不同型態的商店街，以及賣動漫週邊產品的大樓，倒是有點像我們的「光華商場」＋「西門町萬年大樓」的感覺。除了中野車站外，新中野、中野坂上、中野新橋、東中野等，也是不錯的居住環境。到都心的距離不遠，房價也大概是中上價位，有點像我們的中、永和的感覺。當然，永和很擁擠，但中野沒有這麼擁擠的感覺。

「杉並區」，由於位於東京較西側的地方，因此地勢高、地盤穩，自古以來，也有許多富貴人家居住於此。貫穿此區的 JR 中央線，可說是這一區的大動脈。高円寺、阿佐ヶ谷、荻窪都有很長的商店街，也由於較早開發，因此車站週邊較為雜亂。不過因為生活機能極佳，因此也吸引不少上班族入住。

城北六區：文京區、台東區、豐島區、北區、板橋區、練馬區

城北六區中，除了「文京區」以外，其他區域投資需要多加評估。文京區教育、出版業多，又曾經是許多文豪聚集處，因此文學氣息濃厚，比較像是我們台北的文山以及大同區。當然居住環境也不錯。有些不動產專家會直接把「文京區」也併入都心蛋黃區內，稱作「都心六區」。

「豐島區」中的池袋，除了有許多大型百貨公司外，這裡可以說是中國人的大本營，北口一帶有許多販賣中國食品的商店。近年來，東池袋與南池袋一帶積極開發，新增了不少塔式住宅。尤其是在南池袋公園內，周遭大樓景觀，就宛如縮小版的美國曼哈頓中央公園，因此也頗受年輕夫妻喜愛。

此外，有阿嬤銀座之稱的巢鴨，也位於此處。也由於山手線的上半環，房價比起下半環要便宜許多，因此這區的房價會比上述他區的房價親民一些。

▍城東六區：便宜不是沒道理

　　一般指的城東六區，為墨田區、江東區、荒川區、足立區、葛飾區、江戶川區。這些區域在這波的房價上漲，屬於落後補漲的地區。這些地方的房價，有些只有都心精華區的半價至 1/3 價。在東京人的眼中，這裡算是比較不好的區域，人文素養較差、收入低、地盤也不穩。所謂「環境形塑價格」，一個地區的房價高低，與其環境有絕對的關係。當然不是要一竿子打翻一船人，這些區域當中，也是有小環境很棒，前景看好的區域，就有待各位自己深入探訪發覺了。

　　下頁表格為 2021 年東京都 23 區的人均年所得。從表格中即可得知，都心與城南幾區都是高收入族群，而城東地區則有高達四區的平均年收都未達 400 萬日圓。投資時，了解一個區域的所得層，也才能知道你買的房子，究竟是要租給誰。

順位	地區	平均年收 （萬日圓）	前次調查年收 （萬日圓）	前年比 （萬日圓）
1	港區	1,185	1,163	+22
2	千代田區	985	1,001	-16
3	澀谷區	912	886	+26
4	中央區	713	684	+29
5	目黑區	639	636	+3
6	文京區	624	621	+3
7	世田谷區	572	565	+7
8	新宿區	561	556	+5
9	品川區	517	505	+12
10	衫並區	478	470	+8
11	豐島區	466	461	+5
12	江東區	462	448	+14
13	台東區	446	442	+4
14	大田區	445	433	+12
15	中野區	432	422	+10
16	練馬區	430	419	+11
17	墨田區	405	394	+11
18	北區	390	378	+12
19	荒川區	388	379	+9
20	江戶川區	378	371	+7
21	板橋區	377	369	+8
22	足立區	357	347	+10
23	葛飾區	357	353	+4

<2021 年東京都 23 區人均年所得 >

question
18

地名，有什麼特殊含義嗎？

買房除了得考慮到你的建物耐震以外，更多日本人會考慮到的是土壤會不會液化、地盤穩不穩固等問題。就是因為害怕地震，因此東京沿海岸的灣岸地區（指晴海、月島、勝関、豐洲、東雲、有明一帶），即使離銀座只有 2 ～ 3 公里的距離，它的房屋交易市場在 311 地震過後還是沈寂了好一陣子，直到東京申奧成功後，有了選手村的話題，人民逐漸淡忘了當時的恐懼，才又讓灣岸地區的房市起死回生。

▌買房，先看地名

一個地區的地名，其實多多少少隱含了這個地方到底地盤安不安定的線索。例如，地名當中，有什麼「池」、「水」、「谷」、「窪（久保），兩個都念為（くぼ）」、「沢（澤）」之類的，因為都跟水有關，所以可能地盤就不是很安定。因此，即使「池袋」，「下北沢」並非在海邊，但從地名就可

得知，它可能歷史上跟水脫不了關係。

　　另外，地名有「橋」、「堤」的也是要注意。什麼時候會需要「橋」？當然就是有「河」才會需要橋。另外，聽到「谷」，就知道是地勢比較低的地方，因此你要買這裡的住宅之前，務必要稍微留意一下這裡是不是常常會淹水。日本的各個市町村都有發行「洪水ハザードマップ（hazard map）」，網路上亦可下載。

●防災地圖查詢網站：
　https://disaportal.gsi.go.jp/

　　事實上，之前在「澀谷」，就曾經發生過大豪雨，導致雨水從道玄坂那裡流進澀谷車站的地下街，造成嚴重的災情。另外，地名有「沼」的地方也要格外留意，因為表示這裡以前是沼澤地，自然就會有地盤下陷的疑慮。

　　「那什麼地方地盤比較穩定呢？」

　　地名當中，有「○○が丘」、「台」、「山」，地盤就比較穩定。像是「自由が丘、聖蹟桜ヶ丘」，「白金台、青葉台、目白台」，「代官山、御殿山」....等。剛剛提到的澀

谷車站周邊，因為它是「谷」，所以會淹水，但旁邊走路不到十分鐘的高級住宅區「南平台」，因為它是「台」，地勢高、地盤穩，因此才會發展成高級住宅區。

橫貫東京都心的主要鐵道「JR 中央線」、以及繞行都心一圈的環狀線「JR 山手線」，其大部分的車站名稱都看得出與地勢的關係。

> 中央線：荻「窪」、大「久保」（窪）、千駄ヶ「谷」、
> 　　　　飯「田」橋、秋葉「原」…等。
> 山手線：新「橋」、品「川」、渋「谷」、「原」宿、
> 　　　　上「野」、神「田」…等。

▎從澀谷周邊的地名來看地勢

谷底的旁邊是山坡，山坡的上面是高台。就舉「澀谷」的例子來說，看到它有「谷」這個字，就知道它在地勢上屬於谷底，而谷底多半都有河川流經，因此「澀谷」車站附近，的確有個「宇田川町」，只不過這條河川已經暗渠化，看不到了。「澀谷」車站右邊，有個「宮益坂」可以走到「青山」一帶；往左邊也有個「道玄坂」可以到高級住宅區「神山町」；

而往南下去則是通往「代官山」。

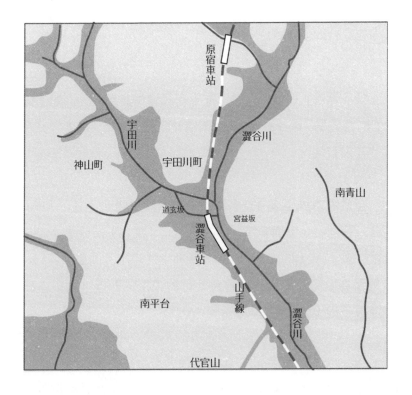

自古以來，日本人就喜居於高台處，因此就以「澀谷」周邊為例，我們可以得知「澀谷」車站由於地勢低，因此它本身並沒有發展成住宅區，而是發展成商業區。但鄰近著「澀谷」周邊的高台處，就是自古以來的高級住宅區「南平台」、「代官山」、以及「青山」。

像「澀谷」這樣的例子，在東京其實隨處可見。例如「初台」的旁邊是「幡ヶ谷」；「飯田橋」往上走就是「神楽坂」…等，非常有趣。

至於東京的東邊（皇居以東），就較少聽到「山」「丘」「台」等地名，反而多是「川」「洲」「橋」不然就是「江」或是「島」。（例如：日本橋、豐洲、江戶川、向島…等）。這是因為地勢較高的武藏野台地位於東京的西邊，而東邊都是海拔不到十公尺的低地。

也就是因為東西的地勢高低不同，當海嘯來襲時，東邊的受災的風險會比起西邊高許多。因此，自江戶時代以來，達官顯要們若要選擇自己的居住處，多半會選擇高台處來興建自己的官邸，而高台又多半位於東京的西邊，就這樣長期演變下來，富人群居的西側就形成了許多高級住宅區的聚落，而東側就發展成庶民群聚的下町。

question
19

東京的房價，從哪裡開始漲？

上一個 Q&A，說明了東京因為東西兩邊的地勢不同，因而造就了地價與環境的不同。這一篇，我們就繼續順著這個邏輯，來看看每次房市循環時，東京的房價上漲，有怎麼樣的規律。

▌房價輪漲，而非同時起漲

房價上漲的時期，無論是哪個城市，都不會是一次全部同時起漲，會有先起漲的地方，之後再有落後補漲的地方。

台北，就是先漲市中心蛋黃區（大安、中正、中山、古亭、信義、松山），再漲市中心蛋白區（台北市其他區域、新北市核心區域），最後才往蛋殼區（新北市外圍）漲。也就是說，台北的房市，是屬於「荷包蛋」結構。

東京，由於受到地盤結構的影響，以至於其都市發展的歷史不同於台北的「荷包蛋」結構，而是「の」結構。也就是說，東京房價起漲時並不是由中心向外擴散，而是呈現螺旋狀的「の」字形漲法。

▍「西高東低」與「南高北低」

「東京都23區」，又或者是更廣範圍的「首都圈一都三縣（東京都全域、神奈川県、埼玉県、千葉県）」的房價，長期以來都是呈現「西高東低」、「南高北低」的結構。例如一樣都是東京都，西邊的杉並區，房價就是比東邊的江戶川區還貴；南邊的目黑區、世田谷區房價就是比北邊的豐島區以及板橋區等還要貴。一樣都是東京都的隔壁縣，但神奈川的橫濱以及川崎等地的房價，就是高於千葉縣。

為什麼會這樣？其實很大的原因就是起因於地盤因素與環境因素。東邊地盤比較不穩，西邊地盤比較穩，因此自古以來，有錢人就挑選地盤穩固的西邊居住。早期東急電鐵創業者五島慶太，以及開發田園調布的澀澤榮一，都以西半邊為主要的開發區域。在「環境形朔價格」導致「富人群聚西側」的結果，東京西邊的地價與東邊地價甚至相差數倍之多。

▌「の」字形，東京房價關鍵字

就是因為這樣的「西高東低」因素，而導致歷史上，每次東京都 23 區只要遇到房價上漲的時期，就一定是從都心精華三區（千代田區、港區、中央區）開始起漲，然後擴張至都心五區（新宿區、澀谷區）。這些區域都漲完了，就會輪到品川區、目黑區、世田谷區等城南地區。城南漲完後再往城西（中野區、杉並區）方面漲。等到城北（豐島區、荒川區、北區等）漲完以後，最後才會輪到就城東漲（江戶川區等）。

●東京都 23 區房價起漲順序：

　超都心三區→新宿區與澀谷區→城南→城西→城北→城東

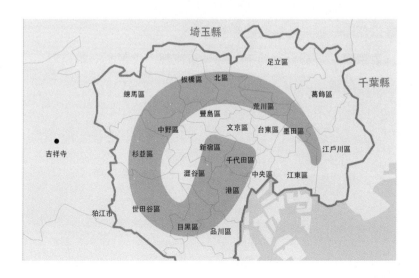

　　這裡，請各位讀者回顧一下 Q17 最後面的 23 區平均所得附表。有沒有發現，似乎所得的排名，（除了少數幾個區以外）也幾乎是沿著這個「の」字型在走的呢？

▌首都圈的房價亦為「の」字形結構

　　若我們將整體觀察的範圍再擴大，拓寬至整個「首都圈一都三縣」，依然可以觀察到這個「の」字形的存在。房價起漲的順序為：東京都先漲，漲完後換神奈川縣，接下來漲東京都左邊的「都下（市部）」，最後才會漲到是埼玉縣與千葉縣。

●首都圈一都三縣房價起漲順序：
　東京都「區部」→神奈川縣→東京都「市部」→埼玉縣
　→千葉縣

　　對首都圈一帶以及東京地區熟悉的朋友，一看到這樣的「の」字型，應該就會反應過來，其實這個順序，就是高級地段至低級地段順序的排列！

question
20

「軸線翻轉」？可能嗎？

上一個 Q&A，我們看到東京的房價「西高東低」，這已經是市場的鐵律。以東京車站為中心點，相同的距離，西邊的房價就是比東邊的房價高出許多。也就是因為這樣，許多房市專家認為，在東邊的交通建設日益完善，大規模的再開發計畫，會使東西兩邊的格差解消，東邊的房價將會急起直追西邊的房價。

「那 ... 東西兩邊的房價，會不會因此而軸線翻轉呢？」

我個人認為「不可能」！東邊與西邊的房價，之所以會造成這麼大的格差，是長期歷史演變的結果。除了後天建設的條件以外，先天的條件以及都市計畫政策因素，也使得軸線翻轉近乎不可能。

地勢及歷史因素導致西高東低

　　首先，為什麼東邊與西邊，會有這麼大的格差？原因就在於「地勢」。東京西邊屬於高台地形，是武藏野台地，因此地盤相對穩定。但東邊屬於低地，且土壤液化的可能性高，因此自古以來，有錢人以及達官顯貴就住在西邊。

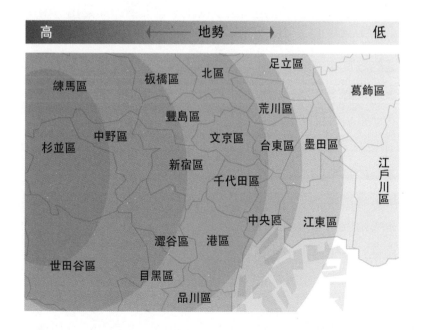

　　在東京，要形成高級住宅區的首要條件，就是要位處「高台」。因為日本自古以來地震多，富人及貴族為了自身的安危以及良好的高台眺望，會選擇居住於高台地區。即使同樣是位於西邊，也會因為高台跟低窪地，有著很明顯的房價落差。

　　舉例來說，你在東京會發現一個很有趣的現象，就是許多地區，它的下坡低窪地區跟上坡高台地區，只是走路幾分鐘的差距，但環境就是差個十萬八千里。例如北品川一帶，以山手線的軌道為界線，左邊是高台地形，右邊是低地。左邊的高台為御殿山，也就是傳統的城南五山高級住宅區，周邊盡是豪宅，但過了鐵軌走路四、五分鐘到了北品川、新馬場一帶，環境就是濃濃的庶民味。

　　新宿區的下落合車站附近也有相同的情形，這個站週邊是低窪地區，即使是車站前方，卻也連幾間像樣的商店都沒有，附近也充斥著廉價出租公寓。但只要過了個馬路（新目白通）往山坡上走，相隔不到兩分鐘路程的距離，高台上高級公寓大廈、頂級住宅林立。

　　也就是因為這樣的先天條件，低窪地為主的東京東邊，在房價上要向地盤穩固的西邊看齊，就不太可能了。

學歷等人文素養導致西高東低

另外,東西除了地勢高低格差以外,「學歷格差」也是個重要的關鍵。這樣說或許聽起來很勢利,不過房價與居住者的教養素質高低有著很大的關係。根據國勢調查,位於東京車站以西的千代田區、港區、文京區、中央區、世田谷區、澀谷區、杉並區、目黑區、新宿區等地區,擁有大學畢業學歷的人,比例都有超過40%,但位於東京車站以東的墨田區、荒川區、江戶川區、葛飾區等,大學畢業學歷者都只有20%初頭,足立區甚至只有19%。好的學校也多半集中在西邊,昔有孟母三遷,有能力的家庭自然會為了小孩的就學問題,往西邊移動。

都市計畫等政策導致西高東西

再來,就是都市計畫上的政策因素。被規劃為「住宅區」的地方,顧名思義,就是為了保持它良好的居住環境。而被規劃為「工業區」,或者「準工業區」的地區,原本就會因為噪音或者污染,不適合人居住。

攤開都市計畫圖,你就會發現東京的西邊較多地區都規

劃為「住宅區」，偶爾會有「準工業區」，但「工業區」幾乎沒有。但東京的東邊，則是有大片的「準工業區」，也有許多「工業區」。「準工業區」與「工業區」的差別，就在於「準工業區」不能有會使環境惡化的工廠，環境稍微比「工業區」好一點點。但即使是在西邊，只要是「準工業區」，即便是在港區，房價也都會比同區塊的其他地方還要低。

就因為上述先天的、後天的、以及政策上的條件，較有經濟實力的人，自然而然地就會往西邊移動，而沒錢的，社會底層的邊緣人，則會往房價便宜的東邊移動。聚集的人種不同，地區上也會演變出截然不同的風格。這也呼應了我們上一個 Q&A 結尾所講的，除了「房價」以及「房市上漲的順序」以外，就連「所得」，都存在著「の」字型結構。

交通系統與大規模造鎮容易，但人文素養以及地域上的氛圍，可不是一朝一夕就可以「軸線翻轉」的。

高級住宅區在哪裡？

　　台北的高級住宅區，有名的大概就是帝寶，又或者是信義計畫區松仁路那一帶的豪宅吧。那東京的高級住宅區到底在哪裡呢？除了超高層林立的 3A1R（麻布 Azabu、赤坂 Akasaka、青山 Aoyama 與六本木 Roppongi）外，許多日本的有錢人也喜歡低層、人口低密度的安靜純住宅區。如果你想買個可以長住久安的豪宅，或許可以來這些地方走走。

　　本 Q&A 就為各位介紹幾個東京都內的「高級住宅區」。也由於每個地方各有特色，因此下列排序並不是以優劣或者價位來做排序的。

　　基本上，中央區屬於商業區，住宅區的部分只有晴海、勝鬨與明石町一帶，因此就本書的定義，中央區裡「沒有」高級住宅區。當然，如果你覺得選手村那裡也算是高級住宅區的話，那也沒關係，見仁見智嘛！

▎一、千代田區

番町：皇居半藏門西側的高級住宅區，中、高層頂級住宅大樓林立，周邊有不少學校與商辦。這裡也是千代田區唯一的住宅區，一直以來都是住宅地的地王，近幾年推案量有點多。首推緊鄰千鳥淵的一番町與三番町。

▎二、港區

南麻布 4、5 丁目：緊鄰廣尾車站以及有栖川宮紀念公園，許多國家大使館座落於此。擁有許多高格調的低層豪宅。

元麻布 2、3 丁目：有別於一丁目的準工業地區，元麻布二丁目位於高台，有許多高級低層住宅，但道路稍微小條了一點。離麻布十番商圈走路十分鐘的距離。三丁目則是緊鄰六本木之丘，有許多寺院，環境清幽。中國大使館亦座落於此。

其他還有白金台 5 丁目、白金 4 丁目…等。台灣的大使館「台北駐日經濟文化代表處」正是座落於白金台五丁目。

┃三、澀谷區

松濤1丁目：這裡林立許多獨門獨院的大戶豪宅，反而是大樓型的產品比較少見。離澀谷商圈非常近。

大山町：代代木上原車站附近的住宅區，有許多傳統大戶老宅。優衣褲（Uniqlo）社長柳井正的 2600 坪豪宅，就是座落於此，據說市值高達 100 億日圓。

広尾2丁目：剛好坐落於廣尾車站與惠比壽車站的中間，到哪個車站都大約走路 10 來分。夾雜著各種狹小住宅與高級低層住宅。環境清幽，但高級感比較少一點。

其他還有 神山町 、 南平台町 、 富ヶ谷 、 代々木5丁目 …等。

┃四、新宿區

下落合2、3丁目：這裡就是所謂的目白高級住宅區，有許多高檔的低層住宅林立，周邊也保有豐富的自然環境。地理位置剛好介於新宿以及池袋兩大商圈的中間。

其他還有 市谷砂土原町3丁目 、 若宮町 …等。

█ 五、都心五區以外的高級住宅區

目黑區：自由が丘３丁目、青葉台２丁目
品川區：東五反田５丁目、上大崎２、３丁目
文京區：本駒込６丁目、関口２丁目
豐島區：目白３丁目、駒込４丁目
杉並區：永福３丁目
練馬區：石神井町６丁目
大田區：田園調布３丁目
世田谷區：成城６丁目

　　目黑區中，又以所謂的「城南五山」為自古以來大名（諸侯）所居住的高級住宅區最為聞名。立處高台，自然環境豐富，至今仍然受到很多富裕階層的喜愛。分別為：

・御殿山（北品川３～６丁目）
・島津山（東五反田１～３丁目）
・八つ山（北品川４丁目～高輪３・４丁目）
・花房山（上大崎３丁目）
・池田山（東五反田５丁目）

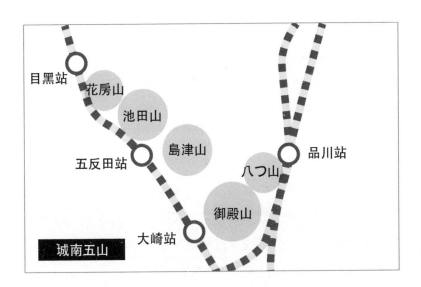

▌六、其他優質的住宅區

接下來介紹一些還不錯，但沒列入上面介紹的一些住宅區。

港　　區：南青山、西麻布、高輪 ... 等。

澀 谷 區：神宮前、大山町、猿楽町 ... 等。

新 宿 區：神楽坂、市谷加賀町 ... 等。

世田谷區：深沢、等々力、尾山台、奥沢、代田、瀬田、
　　　　　上野毛 ... 等。

目 黑 區：八雲、柿の木坂、碑文谷、三田、駒場 ... 等。

千代田區：九段南、九段北、紀尾井町、麴町 ... 等。

文 京 區：小石川、目白台、白山 ... 等。

大 田 區：久が原、山王、南千束、南雪谷 ... 等。

杉 並 區：浜田山、南荻窪、善福寺 ... 等。

　　最後，狗有四條腿，但並不代表所有四條腿的動物都是狗。也就是說，一個地方是高級住宅區，但並不代表那裡的所有住宅都很高級，還是有個案以及小環境的差別。而本篇沒介紹到的地方，也不代表就不好，也是有許多小區塊很優良的住宅區，就等各位讀者親自來發掘。

為什麼高級住宅區都離車站這麼遠？

　　你買房時，首要考量的條件是什麼呢？相信應該許多人，都是希望離車站（捷運站）越近越好，最好是車站一分鐘。因為除了交通方便外，房價多半也都很保值。是的，如果你買的是一般住宅的話，離車站近，確是一個很重要的要素。不過，看完了上一個 Q&A 的高級住宅區介紹後，不知各位有沒有發覺，似乎有許多高級住宅區都與這個房市鐵律相反。

█ 你要的是「機能」，還是「環境」？

　　大多數的人買房，似乎「生活機能」優先於「生活環境」。但有錢人買房，似乎都是「生活環境」優先於「生活機能」。在東京大部分的車站，離車站一分鐘的地方都是規劃為商業區。車站附近，各種商店林立，採買非常方便。但「熱鬧」，也就是代表著這裡不會有「清幽的環境」。也就

是說，東京 23 區大部分的地方，「生活機能」往往與清幽的「生活環境」是無法並存的。

　　一般人每天都得上班上學。家裡沒菲傭、沒有專屬司機，一切都得自己來。也因此，每天走路到車站的通勤路程能夠越短越好，採買生活日用品的商圈也是離家裡越近越好，才不會買個東西都要提著大包小包走得汗流夾背。但有錢人想的，似乎跟我們不太一樣。

　　有錢人要的，是清幽的生活環境。離車站稍微遠一點沒關係（但也不要遠得太誇張），反正上班也是開車。更有錢的、或大公司的高階主管，甚至會有專屬司機接送，根本不需要擠電車上下班及上下課。採買、煮飯等雜事大概也都有傭人幫貴婦太太做到好，又或者貴婦太太也會坐著計程車優雅地上街購物。因此，對於有錢人而言，「環境」似乎比「機能」還要重要。

▌市場流通性，首重車站距離

　　當然，我不得不說，離車站近的房子，市場性的確比較好，脫手容易又保值。對於一般人而言，房子佔了家庭總資

產比例中很重的一部分，只要房價稍微下修個一、兩成，即便房子是自住的，都會覺得非常不爽。也因此，對於一般人而言，選擇市場性好、又保值的捷運宅，就顯得格外重要。

但對於有錢人而言，房子在他們的眼中就只是消耗品，就是拿來住的。跌價，也影響不了他們總財富多大的變化。就算砸了好幾千萬裝潢，儘管裝潢會折舊，他們也不在乎，因為就是一個「爽」字。如果郭台銘買了一戶 18 億的旋轉豪宅，你覺得就算這 18 億跌到變 10 億，對郭董來講，有差嗎？

或許就是因為這樣，日本的高級住宅區，很多都離車站有些距離。例如「松濤」，就離「澀谷」走路要 10 分鐘以上，離「神泉」也要五分鐘以上。広尾 2 丁目以及元麻布 2 丁目等處，離車站也都要十分鐘以上的路程。

不過要注意的是，這些離車站遠的高級住宅區，其實背後代表的，有可能是「想買的買不到，想賣的賣不掉」！大部分有錢人買來自住，如果是很好的產品，他不太可能會再拿出來轉賣。因此如果你是一個有經濟實力的人，想要買這樣的產品，一時半刻可能不一定找得到，可能得稍微等個幾年，看有沒有機緣可以遇到。而如果有錢人要把這樣的產品

拿出來賣，很有可能就是因為時機不好，做生意賠錢急需轉
現金，不然幹嘛賣掉好住的自住房？既然時機不好，你要找
到肯掏出兩、三億日圓以上的人來接手，可能也不容易。因
此這類的高級住宅區，流通性也會比較弱一點。

　　當然，也有某些較獨一無二的產品，總是有一堆人排隊
等著買。至於有沒有機會入手這樣的物件？就要你努力的程
度以及機緣囉。

^{question}
23

最想居住的人氣城市排行榜，
是真的嗎？

　　每年到了一至三月的租屋旺季，總是會有許多網路文章，或者電視節目在報導當年度的人氣城市（車站）排行榜。而且這樣的排行榜調查，往往不只一個，各家不動產情報網站都會推出自家統計的版本。

　　2022 年，由不動產情報網 SUUMO 所做的前十名，依序分別為：橫濱、吉祥寺、大宮、惠比壽、浦和、目黑、新宿、品川、池袋、鎌倉。由另一間不動產情報網 LIFULL HOME's 發表的前十名，則依序為：本厚木、大宮、柏、八王子、西川口、葛西、三鷹、蕨、千葉、川崎。

▍有人氣的，都不是高級地段

　　其實，若仔細看一下每年公佈的這些榜單，你就會發覺這些地區似乎都不是我們所認知的高級住宅區。榜上不見松

濤、麻布、広尾、青山、白金台…。從這一點就可以看出，這樣的排行榜，問卷的對象多半都是以「出租族」為對象。而且這些出租族，很多都還正在找出租房子的階段而已。也就是他們並不是真正住過橫濱，才認為橫濱是個好地方。他會想要住那裡，或許就只是因為去橫濱逛街時候，覺得那裡很時尚，很方便而已。

會想要住吉祥寺的人，也有可能只是受到電視劇吹捧的影響，他們根本不知道吉祥寺車站周邊因為都是商業區，真正的住宅房，大多都要走上一段路。又或者，這樣的調查，根本就只是情報網站公司「做」出來的。有可能是因為這附近有許多他們合作的業者案件待租中，為了炒高知名度，刻意發布這樣的調查結果。

「那，這種調查就真的一點都不可相信嗎？」

倒也不是。就是如果你的目的是要收租，或許榜單上的出租套房 1R、1K 小宅很不錯，收租穩定也說不定。但如果你是在適合小套房的地點買家庭房，可能就不見得好租，也有可能將來賣不掉。

每個人生階段的選擇都不同

「聽你這麼說，那榜上的熱門地段都不好？只有高級住宅區才是好的嗎？」

其實也不盡然。每個人的人生階段不同，適合的產品也不同。

20 幾歲的單身上班族會覺得橫濱、吉祥寺、池袋與新宿這樣的地方非常方便，生活機能充實，對於這些族群而言，機動性是很重要的。

而對於 30 多歲剛結婚，開始要養小孩的家庭而言，或許會認為離車站稍微遠一些些也沒關係，只要附近有小型商店街就足夠。

年紀 40 ～ 50 歲，已經是中高階主管級但還在拼事業的夫妻，可能會認為住在高級的塔式住宅，才可以彰顯自己的身份地位，上班、聚會等機動性又強。

但如果是一定年紀以上的退休族，可能會想要住在安靜的低層住宅區。因為退休後在家的時間很長，因此比起喧鬧

但方便的環境跟機動性，周邊的安寧以及有沒有公園可以去
散步運動，才會是這些長輩心中最重要的考量點也說不定。

▎以購屋者為對象的調查，只是因為預算剛好

那有沒有以購屋者為對象所做的「想購屋地點的排行」
調查呢？有的。上述提及的不動產情報網 LIFULL HOME's 就
有針對想買的地點做排行。2022 年所公佈的，從第 1 名到第
10 名分別為：勝鬨、白金高輪、橫濱、淺草、本厚木、平塚、
八街、千葉、東中野、八王子。

真的頗令人意外！為什麼買屋的人會想要買在「本厚
木、平塚、八街、千葉、八王子」這樣的地方呢？

其實這個排行榜，是按照網路的收尋熱門度所做出來
的。這也代表著，當下或許就只有這些地方有在推案，但像
是松濤、麻布、廣尾、青山等真正的高級住宅區，好幾年才
會有個小案子。就算想買屋的人想要買這些地方，也不見得
這些地方就有物件釋出。也因此松濤、麻布、廣尾、青山等
地才沒有登上熱搜。

　　而上述榜單中，不乏許多低價的區域。這也有可能是以目前一般受薪階級的預算，已經無法負擔都心的高房價，因此被「洗」出了都心，只能往便宜的地方去購屋。買這些地方，是迫於無奈，跟自己的荷包妥協後的「想要買的地點」，可能並不是打從心底真的想要住在這裡的。

　　每個調查，一定要瞭解它背後的涵義以及取樣的標準。如果你今天想要買個永住型的產品，但誤信這種人氣城市排行榜，買在根本不是你想要的地方，那除了你自己會住得不開心以外，將來想要脫手，或許也不是那麼容易。

24

捷運系統分幾種？

　　首次來東京的朋友，總是覺得東京的地鐵交通系統非常複雜。在台北，就只有「台北捷運公司」一間公司而已，所有的路線都歸他們管，簡單明瞭。但東京因為獨特的一些歷史因素，以及它真的太大了，也使得這座城市的捷運網路比起世界上其他地方都要來得複雜。就有許多人開玩笑地說，一旦你搞懂了東京捷運網絡，大概全世界的捷運，都是小兒科了吧！

▍四大交通網

　　東京的捷運路網，各位讀者可以大致上把它分為四個系統。分別為：

・東日本旅客鉄道株式会社的
　「JR（Japan Railway）東日本」

- 東京都交通局的「都營地下鐵」
- 東京地下鉄道株式会社的「東京メトロ（Tokyo Metro）」
- 東急、小田急、京王、東武、西武…等民間公司所營運的「私鐵」

　　這四大系統，早期還不像現在這麼方便，當初每家公司各自的票卡，就只能搭乘自家公司的系統，所幸近年來的積極統合，使得無論是 JR 的「SUICA」，還是 Tokyo Metro 的「PASMO」（兩者皆類似我們的悠遊卡），都能夠「一卡八達通」。讓乘客轉乘沒煩惱。只不過跨系統搭乘，票價上會比較貴。

　　這四者雖然看似互補了路線的涵蓋範圍，但其實在某個層面上，也算是處於相互競爭的立場。你要從 A 地區到 B 地區，有時候不會只有一種路線可以選擇，常常多達兩者，甚至三種以上的交通方式可選擇。

　　例如：如果要從「新宿」到「池袋」，除了可以選擇「JR 山手線」以外，也可以選則「Tokyo Metro」的「副都心線」，從「新宿三丁目」站搭乘至「池袋」站。如果你時間太多的話，甚至可以選擇搭「丸之內線」繞一圈。新宿車站周邊很大，想要搭哪條路線，其實也可以看你人在哪裏？離哪條電車線

的進出口近。

　　想要從「澀谷」到「東京」車站，亦不只一種路線。你也可以選擇搭「銀座線」至「赤坂見附」轉搭「丸之內線」，雖然要轉車，但是只要 17 分鐘。當然，你也可以選擇搭乘不用轉車，但要繞半圈耗時 24 分鐘的「JR 山手線」。

▌JR（Japan Railway）東日本

　　先來談談 JR 好了。JR 原本是國營的鐵路，目前已經民營化為股份有限公司。它在東京的定位，就有點像是我們的台鐵。因為他的線路多半是「縣市間」的移動。就像我們的台鐵，是從台北市搭到桃園縣、新竹縣一樣，JR 大部份的路線，也都是從東京都到外縣市的線路。例如：要去神奈川縣橫濱或鎌倉的「JR 橫須賀線」、去蠟筆小新家琦玉縣的「JR 埼京線」、以及國人旅遊常去的千葉縣迪士尼樂園，都會搭乘的「JR 京葉線」等。唯有都心的環狀線「山手線」，以及行經都心部分路段的「中央・總武線」，功能等同於我們的台北捷運，屬於都會地區的交通網。

　　而就房價部分，其實只要是在「山手線」以及「中央線」

這兩條路線沿線，似乎就是票房的保證。甚至有些人，就是堅持要住在中央線沿線。這也就說明了，為什麼三鷹、吉祥寺明明已經是市郊了，但房價卻等同於，甚至高於都心五區某些地點的緣故。

▍「Tokyo Metro」與「都營地下鐵」

而要說地位等同於我們「台北捷運」的，應該就是「Tokyo Metro」的九條線，與「都營地下鐵」的四條線了吧。

1927 年 銀座線	1954 年 丸ノ内線	1961 年 日比谷線	1964 年 東西線	1969 年 千代田線
1974 年 有楽町線	1978 年 半蔵門線	2000 年 南北線	2008 年 副都心線	
1960 年 都営浅草線	1968 年 都営三田線	1978 年 都営新宿線	1991 年 都営大江戸線	

由於一些歷史上的因素，以及鐵路建設競爭的緣故，導致都心部地下鐵系統目前有兩間不同的公司營運。「Tokyo Metro」原本屬於日本國與東京都出資的「帝都高速度交通營団」營運，目前已經民營化，股份仍由政府以及東京都持

有，曾經還有一度傳聞要 IPO 上市。而「都營地下鐵」，顧名思義，就是由東京都交通局管轄的。

這 13 條線，從 1927 年開業的第一條線「銀座線」，至 2008 年最新通車的「副都心線」，可以說是東京都心的血管，緊密地將各個區域串連起來。

┃各家私鐵

　　至於「東急電鉄」、「小田急電鉄」、「京王電鉄」、「東武鉄道」、「西武鉄道」、「京成電鉄」以及「京急電鉄」等由民間公司所營運的「私鐵」，則是補足「Tokyo Metro」與「都營地下鐵」等都心交通網的不足，扮演著將一般上班族從近郊的住宅區，連接到都心精華區上班的角色。大部份私鐵都是從都心往近郊區跑，因此沿線的房價會略遜於 JR 山手線、中央線以及「Tokyo Metro」、「都營地下鐵」等沿線。

　　不過「東急電鐵」沿線，可以說是個例外。它所經過的城南一帶，雖然屬於近郊，但卻有許多站，都是一般日本人眼中的高級住宅區。也因此東急沿線的許多住宅區，很多地區會高於其他私鐵沿線房價，甚至高於部分「Tokyo Metro」與「都營地下鐵」車站的房價。此外，「小田急線」的「代々木上原」與「成城学園前」、以及「京王線」的「調布」，雖然不屬於東急沿線，但也是公認的高級住宅區。

　　許多私鐵電車，從郊區運行到都心後，會原班車接著繼續運行 Tokyo Metro 的路線，讓你可以不需換車，就可以換線，這稱做「直通」。例如：從「東急東橫」線的「祐天寺」，

若要到「副都心線」的「東新宿」，從路線圖上看起來，似乎得在「澀谷」車站轉乘，但其實乘客只要坐著不動，不用下車，電車會自動在「澀谷」車站就原班車切換成副都心線（但不是每班車都有直通）。這樣的例子很多，像是「京王新線」直通「都營新宿線」；「東急田園都市線」直通「半藏門線」；「東急目黑線」直通「南北線」及「都營三田線」⋯等。

▌「特急」？「各停」？傻傻分不清。

另外，私鐵各站買房時，還有一個重要的留意點，就是這個車站是「什麼種類」的班次會停。由於私鐵多半跑郊區，離都心都有一段距離，想當然爾，私鐵沿線的居住人口以及車站使用人口，會遠比都心的「Tokyo Metro」以及「都營地下鐵」還要少。因此私鐵的電車，又分成「特急」、「急行」、「快速」、「準急」、「各駛停車（各停）」⋯等（各家名詞稍有不同）。一般來講，「特急」只會停大站；「急行」則是大站、中等規模的車站會停；「各停」則是大、中、小站每一站都停。

如果你買的房子屬於「特急」停車站，代表它是個大站，

便利性較高，同時房價也會相對高。若你購買的地區只有「各停」的班次會停，則相對代表這個地區人口較少，等待班次的時間也會較長。若你住在「各停」的車站，要到都心上班，你可以選擇搭上車後慢慢晃到公司所在的那一站，或是選擇往前或往後搭個一、兩站至「急行」或「特急」的停車站轉車，會比較快抵達。因此只有停「各停」的車站，其周邊房價也會相對便宜一些。這一點，購買私鐵車站沿線的房屋，不可不知。

25

環狀道路與房地產市場有關係嗎？

　　我們在看東京的房子時，多半會以捷運路線圖來看這個區域通勤是否方便。但其實，也有不少開車族買房時是以道路交通的便捷性在做考量的。這一個 Q&A，我們就稍微來看一下，東京的八個環狀道路。

< 東京環狀道路 >

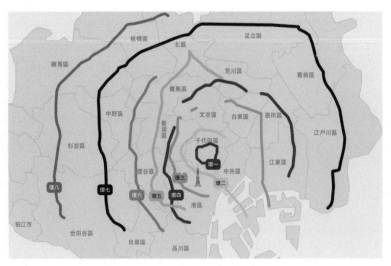

　　東京的中心，就是皇居。以皇居為中心，東京的計畫環狀道路總共有八條，環狀一號線～環狀八號線，向外擴散。不過真正唯一有完結成一個圈圈的，只有環狀一號線，如圖，剛好就是皇居繞一圈。

　　一般來說，環狀一號線～六號線，都不習慣以「環一」、「環二」...這樣的稱呼來講，會以它各自區段的路名來稱呼，如「環一」右邊區段的「日比谷通り」、「環二」的「外堀通」。只有最外圍的「環七」跟「環八」，會用這個名稱來稱呼。

▍環狀一、二號線

　　「環一（環狀一號線）」的旁邊，就是番町住宅區，各位朋友來日本賞櫻時，最喜歡的千鳥ヶ淵，也是在「環一」裡面。而「環一」到「環二」之間的，無論是右上邊的商業區神田、秋葉原、還是左邊的住宅區番町，都價值不菲，屢屢登上地價排行榜前幾名。

　　環狀二號線，下半環剛好是近幾年積極開發的虎之門地區。從虎之門往汐留這一段，也是麥克阿瑟將軍當年規劃的路線，因此又稱作麥克阿瑟大道。由於道路整修拓寬，且因

為奧運，現已連結至晴海的選手村。全線將預定於 2022 年內開通。

▌外苑東通與外苑西通

環狀三號線（外苑東通）跟環狀四號線（外苑西通），其實目前仍有許多未完成的區間，所以整體上斷斷續續的。而雖然「環三」跟「環四」雖然都已經有開通到東邊的墨田區與江東區，但其實右半環的資產價值，遠不及左半環內的資產價值。

▌明治通與山手通

環狀五號線，左半邊其實大部分就是「明治通」。幾乎與 JR 的山手線平行，從惠比壽、澀谷、新宿，再一直延伸到池袋、王子一帶。環狀六號線，其實大部分就是「山手通」。

▍環六以內資產價值由內往外遞減

「環六」以內的區域，由於大部分就是由 Tokyo Metro、都營線等都會型的捷運系統運行，因此房價的確就跟台北的模式一樣，越是中心的蛋黃越貴，越是外圍，價位越遞減。當然各個區域還是有其特色以及交通上跟環境上的加分減分因素，不過大致上，房價就是從「環一」～「環六」，逐漸遞減。另外，隅田川以東的房價，由於受到「西高東低」的影響，價位會便宜很多。

▍環七以外的房價，看車站大小及環境

「環六」外圍的房價，可就與「環六」內側的房價走勢不同了。一般而言，環狀六號線的外圍就屬於是近郊，其行駛的電車以私鐵為主。由北往南，分別是西武、京王、小田急的鐵路線，最下面城南地區則是東急的鐵路。

這些私鐵行經的地方，多屬於住宅區類型的地區。同時，又因為私鐵的車站都有各停、準急、特急 ... 等車種之分，有些是大站，有些是小站。因此房價的走勢不像「環六」以內那樣是向外遞減的，而是要看其個別環境以及車站本身停車

車種的便利性而定。例如：「環八」外圍的成城学園，就會比「環七」內的「経堂」、「梅ケ丘」等地還要貴。

此外，就產品類別來看，「環六」以內屬於都心，因此建商推案的產品絕大部分都是公寓大廈型（マンション）的產品。而「環七」以外，則獨棟木造透天型（戸建て）的產品較多。

^{question}
26

如何避開地雷區？

　　俗話說「千金買屋，萬金買鄰」。買房子，除了要買到好屋以外，周邊的鄰居也很重要。如果鄰居素養太差或者環境太糟，你的房價與租金都會直直落。當然，除了你的左鄰右舍重要以外，周遭的小環境也很重要。買屋，其實等於是買環境。因為你買了房子，如果裡面的格局不喜歡、裝潢不合用，大不了就花錢打掉重做就好，但是一旦買到環境差的地方，除非你換屋，不然，錢再多也無法解決。因此，慎選環境很重要。

▋從周遭的氛圍來判斷區域屬性

　　一個地區優不優，我們可以從它車站周遭的環境來判斷。例如，車站附近有沒有很多小鋼珠店。小鋼珠店越多，表示無所事事的人越多，居住者的素質也好不到哪裡去。高級一點的住宅區，像是目白站附近，就連一間小鋼珠店都沒有。

　　另外，一個區域的住民水準，也可以從周遭書店裡面賣的書看出來。若周遭沒有書店，也可以藉由便利商店所販售的書籍來判斷。如果很多商業叢書、專業書籍，就代表這裡住了很多高知識份子。如果是擺一些不太用花腦袋看的書，或一些沒營養的雜誌、色情刊物等，就代表這裡的居民素養就是那個層次。

　　商店的種類，或多或少也可以觀察出這個地方居民的消費層次。餐廳種類是許多單身族的外食餐廳、還是全家大小會去光顧的家庭餐廳？咖啡廳是一堆人在抽煙的喫茶店、還是文青路線的星巴克？超市種類是便宜的廉價超市（如業務超市）、還是高雅貴婦會去的高檔超市（如成城石井、Queen's Isetan、紀ノ国屋超市）？這些都可以觀察出住在附近一帶人種的重要觀察指標。甚至連販賣機飲料的價位，也可以觀察出一個地區的所得。是賣一些 80 元，沒聽過品牌的飲料呢？還是有賣超過 130 日圓，較有名氣的飲料廠商的商品？

　　如果你是投資出租物件，那這個區域周遭的建築物，是以單身出租電梯大樓為主呢？還是以老舊木造破公寓為主？兩者雖然都是出租市場，但產品定位完全不同，主要的租客客層也就完全不同。

▌重要的資訊網站

我們外國人購買東京房屋時，除了耳聞日本朋友或者依賴網路資訊獲取對於某個區域的基本印象以外，其實較難深入了解一個區域的輪廓。這裏介紹各位幾個東京買房，不可不知的網站。

●凶宅網：

http://www.oshimaland.co.jp/

買房子最怕買到凶宅，也就是「事故物件（じこぶっけん）」。這個網站叫做「大島てる」，是免費的凶宅查詢網，點進去之後，你會發現其實東京凶宅無所不在。

●警視廳犯罪情報地圖：

https://map.digipolice.jp/

這個網站，可以讓你看到任何你想查的地區，犯罪率到底如何。且也可以依照犯罪的種類來查詢。

●建案鄉民討論版：
　http://www.mansion-note.com/
　http://www.e-mansion.co.jp/

　　這兩個是建案的討論版。不過有時會有同業散播不實流
言或個人主觀的批判，因此需要自己理智過濾內容。

五、
選屋篇

05

這樣條件的房子，就是好屋

怎麼樣的房屋，才是好屋？怎麼樣的物件，盡量少碰？

本篇告訴你挑選個別產品以及觀察社區時的各種訣竅！

question
27

這個時期蓋的房屋，好嗎？

　　記得我 2013 年剛來東京購買房地產時，第一間要買的，不是投資型產品，而是要買自己住的兩房產品。當時我看了很多大建商的房子，這些建案給我的感想就是：「日本的房子蓋得真棒！」。不只大廳氣派，公設豪華，甚至有些高級的房型還有樓中樓挑高、整棟大樓玻璃帷幕。還有些塔式住宅的產品，在 40 幾層樓高的房間內，設置了可以一覽東京鐵塔的露天按摩浴缸。當時，就以為東京的房屋就是這樣的高品質，也以為以後推出的產品，也都會是這樣的等級。

▌縮水式通膨

　　2014 年、2015 年，雖然陸陸續續也有幾個還不錯的個案推出，但隨著房價上漲，這些個案開價也都越來越高。2017 年過後，我發現到一個現象，就是大部分的自住型產品的新成屋，質感都越來越差。

　　隨著土地成本、建造成本的上揚，房價當然會越來越貴。雖然說因為量化寬鬆讓自用型貸款容易下來，但自住客的荷包並沒有跟上土地以及建築成本上漲的速度。建商為了要賣房，只好開始壓低建造成本。對的，這就跟你去買東西時，「價格不變，但內容縮水」是相同套路的「縮水式通膨（shrinkflation）」，日本人則是戲稱為「ステルス（Stealth）値上げ（隱形戰鬥機式漲價）」。

　　數年前，3LDK（三房）的產品，室內面積大概都有 70 ㎡以上，但最近很多新推出來的建案，都壓縮在 60 ㎡左右，目的就是想要「壓低總價來掩飾高漲的單價」。前一陣子我去看了一個家庭房的新建案，3LDK 的平均面積居然只有 65 ㎡左右。而建商為了可以蓋出更多的戶數，甚至還開挖地下室的住戶。這還不是半地下陽光屋喔，而是完完全全的地下室！

　　就日本的建築法規來說，蓋地下室的住戶，如果是總面積的 1/3 以內的話，其實是可以不用納入容積率計算的。也就是說，對建商而言，這些地下室的住戶的容積等於是免費奉送的。多蓋出的這 1/3 的地下住戶拿來賣錢，就可以多賺一些錢以分攤高漲的建造成本。但其實這樣的地下室房間住起來並不舒服，買了大概以後也會很難脫手。

　　此外，現在許多新建案，室內的天花板高度也變低了不少，雖說建築基準法只要求至少高度要達到 2.1 公尺，但以前好一點的產品都會做到 2.5～2.6 公尺高，不過最近不少新推案的產品，天花板高度都只剩 2.4～2.45 公尺，差個 5 公分 10 公分，其實感覺還差蠻多的。這麼做，說穿了就是為了能夠再多擠出一層樓的販售面積。

　　以往這種蓋來賣給自住客的產品，建商所給的裝潢配備會比起拿來出租用的產品更高檔，但似乎近期這些賣給自住客的產品所附加的配備也越來越差。建造上為了省成本，也不採取把樑柱做到房間外面的 Out Frame 工法，而把樑柱做在室內。

　　像這樣「壓縮室內面積」、「壓縮天花板高度」、「使用便宜的設備及建築工法」，這些，都是建商為了因應高漲的建築成本而想出的變相漲價招式！

地點差、基地形狀奇怪

除了上述那種降低房子本身的等級、削減建造成本以壓低販售總價的「隱形戰鬥機式漲價」方式外，還有什麼方法可以壓低建築成本嗎？有的，就是削減「土地成本」。

一般來說，同一個車站生活圈，「基地方正、大小適中、距離車站近一點」的土地，一定會比「基地形狀奇怪、腹地過小、距離車站有點遠」的土地還要貴。因此有些建商，就會仗著自己的房屋有「品牌價值」，而去找後者那種條件比較差，但便宜的土地。蓋出來的房屋則是賣你前者的價位。講白了，就是把 B 貨要拿來賣你 A 貨的價格。

泡沫時代的房屋反而受歡迎

就因為現在這種房價高漲的時代，建商為了要蓋出迎合消費者荷包的產品，因此會使用上述那些招式來蓋房。換句話說，就是高房價時期所推出的建案雖然比較貴，但是整體上，的等級就是會比較差。

或許就是因為這樣的背景，最近許多日本有錢人，反而

喜歡買有一定年齡的中古屋。例如 2000 年代初期低房價時期所興建的房屋，又或者是泡沫時期 1986 ～ 1990 年代左右蓋的房屋（雖然這些房屋屋齡都超過 30 年了）。

泡沫時期，雖然也是高房價時期，但那時大家都很有錢，建商也很敢砸大錢蓋房子。那個時期的房屋，無論多貴都會有人買單，自然就沒有像現在這樣「需要迎合消費者荷包」的問題。

當時蓋的房屋，很多室內面積都很寬敞，地板也都用大理石，而且有些建案都是位於蠻好的地段、基地也漂亮。也就是說，雖然泡沫時期跟現在，兩個時期都是房價的相對高點，但比起現在的「B 級」新成屋，反而去選擇當時蓋成「特A 級」的 30 年中古屋，或許才可以住得更舒服也說不定。

不過這些「特 A 級」的泡沫時期中古屋，也不是完全沒有缺點。畢竟面積大，就代表著管理費以及修繕積立金會很高，更何況屋齡越老，修繕積立金就會隨之高漲。像這樣的產品，大概室內面積 50 ～ 60 坪（165 ㎡～ 200 ㎡），光是管理費加上修繕積立金，每個月就要價 10 ～ 15 萬日圓。看來，買得起還不見得住得起啊！

question
28

什麼是旗竿地？

　　如果你在日本找房屋時，曾經考慮過獨棟透天，那你一定看過一種叫做「旗竿地」的土地。而至於什麼是「旗竿地（はたざおち）」呢？就是像下圖這樣，土地的入口部分是長長的細道，房屋則是建造於細道另一端上，整體看起來就像是一面旗子，因此稱作「旗竿地」。

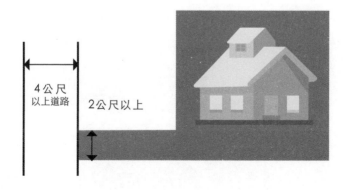

4公尺
以上道路　　2公尺以上

▌為什麼會有旗竿地？

　　而為什麼會有這樣長相奇怪的旗竿地呢？主要原因有二：

　　第一種情況，就是「新成屋迷你開發案」。當一個地主將自己的土地賣給建商蓋房時，如果這塊土地是位於住宅區，本身的容積率不夠多，基地又不夠大的話，自然這塊土地就無法規劃成 RC 造集合住宅型的公寓大廈產品（マンション）。像這樣要大不大、要小不小的土地，日本建商最常見的做法，就是像下圖這樣，把基地切成幾塊來蓋成獨棟木造透天分售（俗稱迷你開發）。但這樣的做法，切到最後就有可能會有幾戶是無法直接正對馬路的，這時，就只好規劃成像旗竿這樣的基地。

　　第二種情況，則是「老舊建築當時亂蓋」。東京本身算是個很老舊的城市，都市計畫法以及建築基準法也是近幾十年才完善的法令，因此早期的房子都亂蓋。建築當時，根本沒有想到車子能否出入，防災安全等問題，也因而造成了許多房子的土地都是這種旗竿地的型態。

　　在建築基準法實施後，為了防災時的安全，就規定所有想蓋房子的土地，基地都一定要有 2 公尺以上的寬度，鄰接 4 公尺以上的道路，這土地才可以蓋房子。就因為建築基準法這樣的「接道規定」，導致很多老舊建築旗竿地的房子，因為基地沒有達到這個標準（旗竿柄的部分不滿 2 公尺），就變成了「再建築不可」的物件（也就是打掉後就不能再蓋房子了）。

　　第一種情況的房屋，由於是建商整體規劃，因此不會有「再建築不可」的問題。但如果你要買的房屋是老舊房屋，是第二種情況的話，就要留意看，是不是旗竿柄的道路部分不滿 2 公尺，將來有沒有「再建築不可」的問題。

▌旗竿地價值比較差？

一般而言，旗竿地因為採光不佳、又被周邊住戶包圍、且土地有很大的一部分（旗竿柄部分）是浪費掉的空間，只能做停車場跟通道，因此旗竿地普遍不受青睞，價位都會比較便宜。像是上述的迷你開發案，賣到最後賣剩的，也幾乎都是旗竿地的房屋，因此蓋在這種基地上的單位最有殺價空間。

但你說它不好嗎？因為它興建時就已經符合了建築基準法，所以並不是「再建築不可」。房屋老了也還是能重建，反倒具有價格優勢。而且聽說有些藝人，特別喜歡這種旗竿地，因為有隱私，比較不容易被狗仔偷拍。

此外，如果基地的旗竿柄，只是剛好滿 2 公尺，由於一般輕型車（輕自動車）的寬幅就寬達 147 公分，這就會導致上下車開車門很不方便。更何況大一點的車子寬幅高達 170 公分，車子停進去後根本開不了車門，因此建議如果要購買旗竿地，最好旗竿柄的部分要有 2.5 公尺寬，使用上會比較方便。

旗竿地，整合賺大錢

　　旗竿地雖然價值比較差，但是如果能順利跟隔壁的土地整合，兩者的價值都可提升不少。

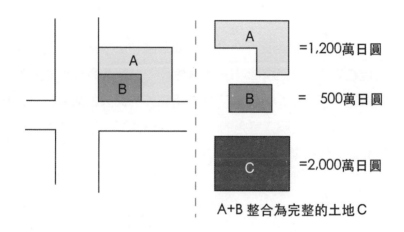

A+B 整合為完整的土地 C

　　請看上圖：假設 A 是旗竿地，1,200 萬日圓；B 為 500 萬日圓。如果 A+B 整合成功後，變成完整的土地 C，那麼土地 C 則是可以賣到 2,000 萬日圓。因此，如果你是旗竿地的地主，隔壁若有土地要銷售時，也可以考慮一併將其買下。

朝南的房屋比較好？

　　日本位於北回歸線以北，因此無論什麼季節，太陽永遠出現在南方。正因如此，日本人總認為，買房就是要買朝南的房屋。朝南的房屋，除了採光明亮外，又因為太陽移動位置的關係，冬天照入室內的時間長，夏天照入室內的時間短，因此朝南的房間冬暖夏涼。

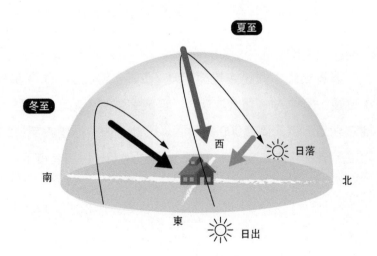

朝北的缺點

若是一條東西橫向的馬路,這馬路兩側的房子,一定會有一邊是朝南、一邊是朝北。日本冬天下雪時,有時候降雪量多的話,積雪可以長達兩、三個星期。如果你今天是買在出口朝南那一面的房屋,門口的積雪會因為有照到太陽,很快就會融化。但如果你買的是出口朝北的那一面,你房屋的門口就會因為照不到太陽,而讓雪一直積在那裡化不掉。

至於朝北的房間呢?因為太陽不會出現在北邊,因此朝北的房屋就會因為沒有陽光直接照射入內,冬天比較容易陰暗潮濕,總是需要開燈、開除濕、開暖氣。這就是為什麼日本人總是偏好朝南的房屋。

當建商在販賣一個建案時,假設朝南的房型,每平方公尺售價為100萬日圓的話,那麼朝東的,大約就是98萬日圓,朝西的大約96萬日圓,而朝北的價位最低,大約95萬日圓。

如果是一般的房子,的確是「朝南比較好」。不過如果是超高層塔式住宅呢?那就不一定了。

▎塔式住宅比起方位，更重景觀

塔式住宅，由於它多半都比周遭的其他建築物還要高，因此周遭如果沒有其他跟它一樣高的大樓來擋住視野或採光的話，就不必太擔心朝北房型採光不好的問題。不，應該說，反而還會因為朝北沒有強烈的直射日光照進室內，反倒更舒服。而朝南的房間，反倒會因為白天得承受長時間的強烈日光，讓人在室內感到炎熱、刺眼，待在室內不舒服。

而且有些塔式住宅樓，它朝北的景色還比朝南的景色棒，像是朝北的住戶可以看到東京鐵塔，而朝南的就只能看到一般般的都市景觀，當然朝北的價位，就會賣得比朝南的還貴。因此到底是不是朝南一定好，朝北一定就不好，還是得到現場親自走一遭，實際體會才可下定論。

半地下物件，可以買嗎？

　　不知道各位朋友到日本來看屋時，有沒有發現到一種房型？無論是中古屋，或是新成屋，常常都可以一樓房間比地表還要低的「半地下」房型（類似我們的陽光屋）。其實這種房型不太好，因為它比地面還要低，因此容易潮濕、發霉。尤其最近日本不時會有超大豪雨，這種物件也很容易因此淹水。那至於為什麼這麼差的東西，在日本還是會存在呢？主要有兩個因素。

　　第一點，低層住宅區的限高：日本的低層住宅區，有很嚴格的高度限制，有些限制你的樓高只能有 10 公尺的高度，有些地區則是 12 公尺。因此建商會為了多增加一些房間可以銷售賺錢，會把一樓做低一點，讓高度可以再多出一層樓出來銷售。

　　第二點，容積率的特例：在日本，依照建築基準法，只要你的房間天花板高度，離地盤面不到一公尺，則這部分

是不用算入容積率的（不算入的部分僅限所有房間總面積的1/3）。而什麼是容積率呢？簡單來說，就是「一塊基地能蓋出多少空間」的限制。因此，講明白一點，這種半地下的產品就是因為不算在容積率裡面，所以建商可以藉由讓你的房間離地不到一公尺不計入容積，多蓋出來賣你增加獲利。

▌市價七折都少碰

雖然有些低層住宅區的半地下產品會附有很大的庭院，但是說實在的，灰塵啦，小貓跳進來的情況也不少。也因為半地下的房子有這麼多的缺點，因此一般中古物件，多半這種半地下樓層的價位，會是正常樓層的七〜八折價。而且半地下物件變成中古屋，拿出來賣時，多半會沒什麼人想要接手。

不過，現在許多建商很賊，在銷售這種產品時，把樣品屋用得美輪美奐，引你購買，而且賣的價錢跟樓上的房型價錢只是便宜一點點而已。另外，因為實際上它也不是地下室，所以廣告時，都會說這是一樓，因此，如果你貪小便宜，又懶得自己去現場看一趟的話，買了這種產品，你的資產就會一路像是溜滑梯的往下墜了。而且說實在的，小偷如果要偷

東西，這種房間最好偷！

　　早期這種大樓的共用樓梯、入口大廳部分以及走道部分，都是要算入容積率，不過因為近年的建築基準法改正之後，這些都不再列入容積率裡面。因此最近只要是新一點的大樓，只要不是位於低層住宅區，有建築物限高問題的物件，多半一樓不會再做成房間，會直接做成大廳等，反正又不算入容積，因此不會影響建商的銷售面積。現在除了有嚴格限高的低層住宅區以外，已經很少新建的房屋會興建這種半地下的產品了。

牆壁跟地板要多厚，隔音才會好？

　　住在公寓大廈（マンション）裡，最惱人的，莫過於噪音問題了。如果你的左鄰右舍是沒水準的人，那你可能就得天天忍受他的噪音攻擊。往往這種噪音問題，都是導致鄰里間失和、對立的導火線。

　　在日本，噪音引發的鄰里問題相當嚴重。最有名的，應該就是 70 年代神奈川縣曾經發生的「鋼琴殺人事件」了吧。行兇者因為受不了樓下住戶長期練鋼琴的吵雜聲，憤而將母女一家三口殘忍殺害的兇殺案。

　　除了噪音的受害者轉變為加害者以外，也曾發生過噪音的製造者因為不滿鄰居的抱怨，而持刀將鄰居殺害的案件。

▍住戶之間容易產生芥蒂

　　這種大都會中的集合式住宅，常常住在裡面的人，彼此都不知道你的鄰居到底是圓的還是扁的，與隔壁住戶或同棟住戶也都沒怎麼交流。就是因為互相不認識，因此即便只是小小的噪音，也會引發鄰居相互之間的極度不滿。就有研究指出，正是因為互不認識，才會導致很多小問題在彼此心中不斷被放大。

　　如果你跟你的隔壁鄰居認識，平時也有在往來，大概知道他們家就是會有吵人的小孩，那麼也許偶爾的噪音，念在大家互相認識鄰居一場，也會大事會化小，小事會化無。

　　此外，日本的社會不擅長當面指出對方的過錯，而會期望對方可以「主動」發覺。因此當社區發生了噪音問題時，住戶向管理員反應後，管理員並不會當面去向吵人的住戶說，而是會貼出公告，說「目前有發生噪音問題，請各位在房間盡量放低音量」，並不會指名道姓，而是期望製造噪音的本人可以自己發覺。或許因為曾經發生過上述的殺人事件，因此除非鄰居之間真的噪音問題已經到了無法忍耐的地步，否則大多都不太會直接向對方反應。

我就曾經遭遇過樓上小孩吵鬧的經驗。樓上的小孩，動不動就會從沙發上往地板上跳，而且會在室內奔跑，因此當時好長一段時間都搞得我不得安寧。跟管理員反應之後，他們也說沒辦法管，叫我直接報警處理 .....。

只是小孩子好動，就叫警察來也未免太不近人情，但管理員又不敢講，因此我也決定抱著可能會被樓上拿刀砍的風險，決定按鈴跟對方抱怨。對方一接起對講機，我就從對講機的另一端，聽到那個小屁孩在尖叫 .... 這媽媽也真可憐。在我表明噪音問題後，這媽媽也算明理的人，一直道歉。雖說如此，但有養小孩的人就知道，小孩子在成長期根本無法控制，因此這個事情也一直無法解決。到最後，我當時趁著房價還不錯高點出清，賣掉了那間房子，換到目白的低層住宅的頂樓單位，才解決了這個難解的問題 ...。

真正惱人的是重低音

日本的塔式住宅，因為建物承重的問題，並不是使用灌水泥的「濕式工法」，而是使用工廠預先生產好的組件再到現場建造的「乾式工法」。與隔壁戶之間的牆壁，也不是水泥牆，而是有做隔音措施的輕隔間牆壁。但真正擾人的，往

往都不是你的左右住戶，而是像我遭遇到的那樣，會是你的上下住戶。

在物理上，聲音的傳達，越是高音，就越容易阻斷；但越是重低音，則越不容易阻隔。而你的左右鄰居，並不會有事沒事就在家裡敲牆壁發出重低音，況且講話聲也不是重低音，即使隔壁鄰居在家大聲唱歌，大部分的情況下，你在自己的房間室內也是幾乎聽不到。我家隔壁的日本媽媽就非常喜歡一邊做家事一邊高歌一曲。每次回家時，都會在共用走道部分聽到她美妙的高歌，但一旦進入我家後，大門關上，完全聽不到隔壁的任何聲響。因此對於左右鄰居所發出的高音頻，只要隔間隔音做得好，基本上即便是輕隔間，也不太會有擾人的噪音問題。

但樓上的走路腳步聲，就屬於重低音了。因此如果樓上有小屁孩在奔跑，或是他媽媽壓力太大走路用力，即使她自己不覺得自己走路很大力，重低音還是很容易傳到樓下的住戶。也就是說，會造成讓人受不了的噪音問題，多半屬於樓上所發出的重低音。

▋慎選天花板以及牆壁厚度

為了避免上下樓之間的噪音問題，建議可以在購買之前先確認一下你家天花板與樓上住戶地板之間的厚度有多厚。可以跟你的業務人員詢問一下「スラブ厚」（樓層間的水泥厚度）。

一般來說，舊一點的大樓為 150mm（15 公分）～200mm（20 公分），若有超過 230mm（23 公分）應該就算是不錯的了。上述的神奈川殺人的公寓，由於已經是 50 年前的舊房屋，當時建造時，上下樓層的水泥厚度也才只有 120mm（12 公分），這也難怪鋼琴的聲響會很容易傳遞到周遭住戶。

此外，住戶與住戶之間的牆壁「戶境壁（こざかいかべ）」，除了上述的塔式住宅以外，一般的華廈大樓若是鋼筋混凝土的牆壁，則牆壁厚度最低也要有 18 公分，若可達 20 公分則更理想。如果你的房間剛好位於電梯旁邊，則建議最好有 25 公分，會比較可以避免掉電梯運作時的震動聲響。

▎地板的遮音等級

　　此外，購屋前也可以參考所謂的「輕量床衝擊音（LL）值」。這是用來標示你的大樓的輕量物品，例如湯匙之類的掉落在地板時，會影響到下面鄰居程度的一個數值。LL-55 代表你會明顯聽到上面的活動；LL-50 代表多多少少會聽得到；LL-45 算是最常見的，會些微聽到上面的聲響。根據調查，如果房屋有到 LL-45 這個基準，上下樓之間的噪音糾紛就會變小很多。而 LL-40 則 算是很不錯的大樓了，只會些微聽到一點點；最高等級就是 LL-35 了，一般情況之下會完全聽不到。如果你是買新的大樓，多半這個 LL 值會刊載於售屋手冊上。

　　另一個「重量床衝擊音（LH）」值，則是用來標示像是剛剛那種小屁孩跑步時的重低音的數值。LH-55 為一般走路聲跟拉椅子的聲音都聽得到；LH-50 則是稍微聽得到；LH-45 則是仔細聽聽得到，但不會特別意識到；LH-40 就已經算是特級了。

　　如果你跟我一樣，是個很在意寧靜的人，不妨可以於購買時，就先查清楚這類的問題，不然就直接買頂樓。又或者你害怕自己吵到樓下的人，也是可以鋪上具有防音效果的地

毯，以減少影響到樓下的住戶，降低自己被鄰居砍死的機率。

question
32

樓高 14 層與 15 層，要選哪一個？

　　日本的大樓，有四、五層樓的，也有十幾層的，甚至也有不少超過 20 層樓高的塔式住宅（Tower Mansion）。喜歡住哪種，完全見仁見智。有些人怕地震，不敢住太高，我就曾經有日本朋友說，她絕不住在十層樓以上的樓層，她喜歡住在離地面近一點的地方。

▌建築法規的分界點

　　不過如果你要買的大樓，總樓層數剛好是 15 層，可能要稍微留意一下這產品的規劃。怎麼說呢？依照日本的建築基準法與消防法規來講，分成四個階段：樓高 31 公尺、樓高 45 公尺、樓高 60 公尺、以及樓高 100 公尺以上的。當然，越高樓層的建築，其建造時的法規越嚴格。超過 31 公尺的，就有設置非常用升降梯等義務，而一般超過樓高 45 公尺的，建造時要經過的審查就嚴格許多了，尤其在耐震性能上。而

超過 60 公尺的，大概就是樓高 19 樓以上的產品的超高層，它要取得建築許可，都需要特別的申請手續，因此一般小建商多半沒能力建造這類的產品。

也就是因為這樣，一般建商在興建大樓時，會盡量將樓高壓在 45 公尺之內，以便用較寬鬆的規定以及較低廉的建築成本來取得建築許可。而 45 公尺，有良心的建商，會蓋成 14 樓。建商如果硬要偷的話，只要如果把樓層高度、天花板高度稍微壓縮一下，就可以多擠出一樓，蓋成 15 層樓的產品，這樣建商就又多出了一層樓的面積可以銷售了。當然，一樣的高度，你把 14 樓蓋成 15 樓，室內的高度就會減少許多。就像之前篇章講的，2.5 公尺的房屋與 2.4 公尺的房屋，雖然只差 10 公分，但感覺會差很多。

許多朋友買房子都只注意到室內的面積，卻忘記了其實如果天花板太矮，住起來也是很不舒服的。就曾經有一對夫妻，看房子時，並沒有意識到天花板太矮，直到搬進去之後，整天住得耿耿於懷，到最後也因為住得不開心，只好將房子便宜出售。

我曾經就看過一間都是出租小套房的十幾樓大樓，天花板高度只有 2 公尺多，待在裡面的感覺就像在台灣的夾層屋

一樣，非常不舒服。因此，不管要買還是要租，遇到樓高 15 樓的大樓時，一定要留意一下天花板的高度！

管理費與修繕基金，多少錢才合理？

購買日本的房屋時，除了每年都要支付固定資產稅以外，如果你購買的產品是公寓大廈型的區分所有權物件，那每個月還得繳付「管理費」以及「修繕積立金」這兩項費用。也由於這兩筆金額都還蠻高的，因此銀行貸款給你時，多半也會連同這兩項一起併入衡量，評估你的還款能力。

管理費與修繕積立金有什麼不一樣

管理費與修繕積立金是完全不同用途的兩筆徵用金。「管理費」用於社區公共設施的日常維護以及管理，例如聘請管理員、清潔公司，或者支付公用設施的水電費、電燈等消耗品以及火災保險費用等。

「修繕積立金」中的「積立」，翻譯成中文，就是「分次累積儲蓄」的意思。因此這一筆錢，就是「每月累積儲蓄，

以因應將來社區需要修繕」時的一筆費用。

公寓大廈型的社區，多半會每 15 年～ 20 年，就進行一次大規模的修繕工程。例如外牆重新油漆、屋頂防水工程、又或者是老舊的給水管排水管的更新工程等。老舊一點的大樓，若需要更換新電梯、改修機械式停車場時，也是得從這筆修繕積立金中支出。除了這些預定好的修繕計劃以外，若遇到突發事故，例如日本當年發生 311 大地震時，大樓外牆因此龜裂或受到其他的損傷，就是得動用這一筆修繕積立金來維修。

這些工程做一次少則上百萬、多則數千萬日圓，若平時沒有開始「存錢」，一下子要叫所有的住戶拿出一筆大錢，相當不容易。而越是老舊的大樓，將來需要維修的機率就會大增，因此隨著屋齡越來越老，修繕積立金也會隨之上揚。

▌錢不夠怎麼辦？

社區「管理」，是維持大樓價值以及居住品質的關鍵。管理良好的社區，住的才會開心，房價自然也就保值。而社區「修繕」，也是時間到了，就不得不做的重要行事，因此

無論是「管理費」還是「修繕積立金」都相當重要。

　　台灣的大樓往往都沒有修繕的觀念，因此台灣 20 年以上屋齡的老舊社區，有許多看起來都殘破不堪。漏水、電梯故障、外牆剝落等，問題一大堆。但日本的老舊大樓，即便屋齡高達 50 年，外觀都還維持得乾淨整潔，這就是因為平時有在花大錢管理、又有在定期維修的結果。更何況，日本又是個地震大國，建築物要定期維修，也才能住得安心。

　　不過，隨著通膨以及人力成本、物價上漲，有可能「管理費」將來會隨之調漲，「修繕積立金」亦然。十幾年前所排定的積立金，很有可能到了今日已經不夠用，若遇到社區需要大規模修繕時，就很有可能會額外向每一位住戶再徵收一筆「一時金」，來彌補費用的不足。

　　這筆費用少則幾萬日圓，多則上百萬日圓都有可能，端看社區本身的財務狀況。因此買房前，一定要確認社區的「長期修繕計畫」，查清楚目前社區大樓已經累積了多少一時金、有沒有住戶長期欠繳 … 等問題。根據國土交通省 2018 年的調查，有高達 24.6% 的家庭欠繳修繕積立金，而越是老舊的房屋，欠繳的比例就越高。為了防止你買到的房屋往後因為沒錢修繕而廢墟化，或者突然暴增的一時金，建議購買前要多留意這些問題。

此外，如果你欲購買的社區，「修繕積立金」很便宜，又或者是根本不需要繳「修繕積立金」，你也不用高興得太早，因為很有可能將來某個時間點，管委會發現錢不夠將來修繕了，就會突然漲價。聽說還有原本一個月 1.5 萬日圓的社區，在八年內就漲到 6 萬日圓的情況。

管理費與修繕積立金的眉角

根據國土交通省 2018 年的調查，日本全國的公寓大廈管理費平均為 15,956 日圓，修繕積立金為 12,268 日圓。當然，這只是平均而已。管理費與修繕積立金，是依照每戶室內的面積大小不同而定。

一般而言，規模越大的社區，平均每戶分到的管理費跟修繕積立金就會變少。而規模越小的社區，管理費跟修繕積立金就會相對比較高。除非社區本身有太多花錢的公設：例如游泳池、健身房等，就會使得管理費跟修繕基金變高。而像是塔式住宅，由於外牆等修繕時，需要架設特殊的建築架，因此雖然塔式住宅的社區規模也算大，但修繕積立金往往會比一般的公寓大廈要高。

「管理費」的行情價，依照建築物大小不同，單價也不同。一般家庭房型的公寓大廈型產品，大多是 1 ㎡ 200 日圓，超過 20 樓的塔式住宅則是會上漲至 240 日圓左右，超過 40 層樓的超高層塔式住宅就更貴了，高達 280 日圓之多。當然，這金額會隨著建築物的規模以及種類有所變動，像是投資型小套房，雖然房間都很小，但管理的業務並不會因此而比較少。雖然小套房整體管理費總額看起來並不高，但換算成每平米單價可能會高達 300 ～ 500 日圓不等，高出一般家庭房型的產品非常多，這點在購買小套房投資時，要特別留意。

「修繕積立金」，新成屋時總是特別便宜，但隨著建築物越來越就老，這筆費用就會越來越高。根據國土交通省的調查，新屋的修繕積立金約為 1 ㎡ 94 日圓。但有些投資型的小套房，新屋時，會故意設定很低的修繕積立金，例如 1 ㎡ 單價只有 70 日圓之類的，然後隨著屋齡越來越舊，可能就會暴漲至 300 ～ 400 日圓。這是建商一開始為了要銷售物件，讓投資者覺得實際到手的現金很多，而故意設定低額積立金的一種手法。當然，也不是只有投資型的小套房會有這樣的問題，在銷售家庭房時，有些建商也會採取相同的手法來促使消費者買單，但少繳的錢，等到房子老了以後，都會一次讓你吐出來。除非 ... 你只打算住個幾年就賣掉，拍拍屁股走人 ...。

修繕積立金，多少錢才合理？

　　關於修繕積立金的合理價，國土交通省有提出一個針對家庭房型（非投資小套房）的指導方針。以下是以每平米單價為主，分別提出平均值以及國土交通省調查時，案例的 2/3 所包含的幅度範圍。規模越小的社區（總樓地板面積未滿 5,000 ㎡），平均單價越高，規模越大的社區（總樓地板面積超過 10,000 ㎡），則平均單價越低

樓層數 / 樓地板面積		平均值	案例的 2/3 所包含的幅度範圍
15 樓未滿	5,000 ㎡未滿	218 萬日圓 / ㎡ . 月	165 萬 ~250 萬日圓 / ㎡ . 月
	5,000 ～ 10,000 ㎡	202 萬日圓 / ㎡ . 月	140 萬 ~265 萬日圓 / ㎡ . 月
	10,000 ㎡以上	178 萬日圓 / ㎡ . 月	135 萬 ~220 萬日圓 / ㎡ . 月
20 樓以上		206 萬日圓 / ㎡ . 月	170 萬 ~245 萬日圓 / ㎡ . 月

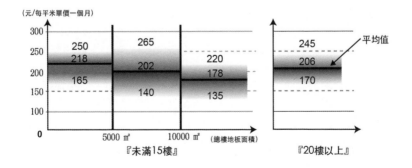

　　建議讀者下手買房前，可以先參考上表，換算出自己欲購買的房屋的修繕積立金合理價。

　　假設你想要購買一間 80 ㎡、社區總樓地板面積未滿5,000 ㎡的房屋，那麼它的修繕積立金平均值，就是 218 日圓 ×80 ㎡ =17,440 日圓，合理區間就是 13,200 日圓（165日圓 ×80 ㎡）～ 20,000 日圓（250 日圓 ×80 ㎡）之間。

　　當然，這只是國土交通省所統計出來的合理區間。每個社區等級不同，戶數多寡也不同。若是高檔的頂級住宅，即便它的積立金高出平均範圍許多，也不見得就是不合理。還是得確認社區的長期修繕計畫，看看到底這筆積立金將來會支出到怎樣的地方。

question
34

好的社區，還需要具備怎樣的條件？

　　怎樣的房子才是好房子？除了我們這一篇所提及的牆壁厚度、隔音問題、天花板高度、坐向...等，還有其他什麼指標嗎？這一篇，就來為各位整理，好的公寓大廈社區，還應該具備怎樣的條件！

①電梯數量

　　社區的電梯數量，以「50 戶一台」這個基準來計算，並使用「三捨四入」來評估。例如社區總戶數如果有 120 戶，那麼至少要有 3 部電梯才算合格。120÷50=2.4，小數點以下三捨四入，因此需要有 3 部電梯。

②收納率

　　所謂的收納率，就是指室內空間與收納空間的比率。例如若你的房子為 80 ㎡，收納面積有 6 ㎡，那麼，收納率就

是（6 ㎡ ÷80 ㎡ =7.5%）。一般而言，收納率要為 7% ～ 10% 會比較恰當。

③瓦斯

現在有許多大樓打著環保以及安全的名義，沒有牽瓦斯管線，洗澡水以及廚房都是使用電力，這也意味著你的室內空間還得犧牲掉儲水桶的空間。況且，有許多料理如果沒有火侯，是做不出來的。因此這種全電化大樓，比較適合短住或者小套房。若要長居，建議還是選擇有瓦斯管線的大樓。

除了上述三點以外，像是「車站走路 7 分以內」、「要買雙捷運以上的車站」、「要買特急或快速電車有停的車站」、「大規模再開發區域比較好」、「品牌高級住宅區」、「有良好的景觀」、「社區設備充實」、「要有停車場」、「附近採買方便」、「沒有嫌惡設施」... 等，這些條件屬於個人主觀的好惡問題，而且與你買屋的目的也有關聯，並沒有絕對的對錯，因此我個人認為適當參考即可。

其他關於格局的部分，可以參考同時出版的『日本買房關鍵字』一書。

六、
稅金篇

06

日本買房會碰到的稅金問題，算給你看

日本萬稅萬萬稅，各種持有成本也比你想像中的高出許多。

搞懂複雜的稅金、善用節稅技巧，才是賺錢致富的關鍵！

question
35

日本買房會有哪些稅金？

在日本買賣房屋時，「稅金」是一個不可以忽略的大問題。以下大略介紹各種情況之下，有可能會產生的稅賦。接下來的 Q&A，則會分別介紹各種稅金的課徵方式以及計算方式。

▍買房時的稅金

買房時，會產生的稅金為「不動產取得稅」、「登錄免許稅」、以及「印紙稅」。若是向建商購買新成屋，則建築物部分還會產生「消費稅」，若是向個人購買中古屋，則不會產生「消費稅」。

所謂的「不動產取得稅」，就是取得不動產的人需要繳納給不動產所在地的「都道府縣」政府的一筆稅金，屬於地

方稅。繳納方式不需要自行申告，取得過後約兩個月左右，都道府縣稅事務所會寄稅單至購買名義人的地址，只需拿稅單去繳納即可。計算方式以及大略的稅額我們會在下一個Q&A細看。

「登錄免許稅」，則是你的房屋登記產權時所需要支付的稅金。支付時間點為司法書士幫你拿去法務局做產權登記時，以貼上收入印紙的方式進行支付，因此這筆費用實務上都是由司法書士登記時代為繳納，最後於支付給司法書士費用時，一起給付，因此買家也不需要自行計算。Q45 計算投報率時，會舉例如何計算。

「印紙稅」則是製作「課稅文書」時（例如房屋買賣合約書）所必須要支付的一筆稅金。支付的方式也是以貼上印紙的方式繳納，金額則是依照合約書上所記載而有所不同。另外，買賣合約書雙方，原則上都必須繳納印紙稅。但若賣方不需要保留合約書，可以僅製作一本合約書，由買方保留。賣方則是保留影本。這樣的情況下，就只有買方保留的正本需要支付印紙稅。

現行的「消費稅」，稅率為 10%。但的課徵部分，並不是購屋的總價，而是「建築物」的部分。例如一億日圓的

房屋，若建物部分為 5,000 萬日圓，則應繳納的消費稅就是 500 萬日圓（5,000 萬 ×10%）。

▎持有時的稅金

持有不動產的期間，無論是收租、自用還是空在那裡，每年都必須繳納「固定資產稅」與「都市計畫稅」。繳納的方式也是由地方稅務機關計算稅額後，寄通知書給房屋所有者，屋主只要拿著單據去便利商店繳納或者上網信用卡支付即可，因此所有者也不需要自行計算這兩筆稅額。徵稅時間點，是以每年 1 月 1 日的持有者為主。換句話說，如果你在 2 月賣掉了房屋，但 6 月份稅單還是會寄到你家，要你繳納一整年的固定資產稅與都市計畫稅。因此買賣實務上，仲介都會以你實際持有的日數幫忙計算分攤金，於交屋時請買方多退少補給前屋主。

若你房屋不是自住，而是出租，則會產生「所得稅」的問題。若你人住在日本，有合法的居留權，那除了「所得稅」以外，還會產生「住民稅」。當然，如果你只是一個住在台灣的房東，則只會產生「所得稅」而不會有「住民稅」。但「居住者」（住在日本）與「非居住者」（住在台灣），所得稅

的計算方式不同，往後的 Q&A 會詳細介紹。另外，所得稅原則上要自行申告，若自己不會計算所得稅額，不知如何申告，可聘請稅理士代為處理。

若你很有錢，買了很多房子來收租，一旦規模達到了「5棟房子」或者「10 間公寓大廈」的規模，則是會被視為「事業」，除了所得稅與住民稅以外，還會被課徵「事業稅」約5%，但有約 290 萬日圓的控除額度。

賣房時的稅金

賣房時，則是你的資本利得部分，會被課「讓渡所得稅」。若賣屋時沒有獲利，賠錢賣房，則不會被課這筆稅金。一樣，如果你是住在日本的居住者，則這筆讓渡所得也會連帶產生住民稅。詳細的計算方式會於 Q 39 介紹。

遺贈時的稅金

天有不測風雲，人有旦夕禍福。若你在持有日本房產的期間不小心死掉了，則是有可能會產生「遺產稅（相続稅）」。

若你用自己的資金幫兒女買日本屋，則是會產生「贈與稅」的問題。詳細也會在後面的 Q 43 與 Q 44 介紹。

「不動產取得稅」，大概多少錢？

　　日本買房子時，最大筆的稅金，應該就屬取得時要繳的「不動產取得稅」跟每年要繳的「固定資產稅」了。這一筆「不動產取得稅」屬於地方稅，於取得不動產時，繳納給都道府縣。贈與、甚至連增改建你的建物時，也得繳納。當然，自住與投資時的算法不同。除非你在日本長居，有「在留卡（居留證）」，可以拿得到住民票，不然就算你買來自住當渡假屋，也是無法當作自用稅率。因為申請減稅的時候，都道府縣稅事務所會要求你提出住民票。

　　另外，固定資產稅不是房屋過戶的時間點繳納，而是隔三、四個月，甚至要將近一整年才會突然寄稅單來要你繳，因此，總是在你忘記有這筆費用的存在時，冷不防讓你大失血。下面簡單介紹不動產取得稅的計算方式，但其實不會計算也無妨，因為都道府縣稅事務所會先行計算好後，再寄單子給你繳納。

不動產取得稅計算方式

●不動產取得稅的計算公式如下：

不動產取得稅＝課稅標準 × 稅率

「課稅標準」：並不是以你的成交價來計算的，而是以「固定資產課稅台帳」的登錄價格為準。如果是住宅用地，則「土地」部分的「課稅標準」則為「固定資產課稅台帳」的登錄價格 ÷2；「建物」部分則完全按照「固定資產課稅台帳」的登錄價格（也就是沒有「除以二」的優惠）。

因此下面的實例中的「課稅標準額」，是按照都稅事務所寄來的單據上的數據，土地部分已經是除以二的價格了。而這個「固定資產課稅台帳」的登錄價格要去哪裡查呢？要請屋主去都稅事務所申請「固定資產評価証明」（房仲調閱需要屋主委託書）。而且由於固定資產，又分成「土地」跟「建物」，因此必須兩者都申請，並且各計算其稅率。

「稅率」：原則上，2024 年 4 月以後取得的，無論土地或建物，一律都為 4%。但這之前取得的，土地為 3%，居住用建物為 3%，一般建物為 4%。此為時限立法，但也許今後 3% 的稅率也會持續沿用也說不定。

實例介紹

這裡提供三個規模不同的實際案例，各列出其土地及建物的「課稅標準額」，供大家參考。以下價格皆以日圓計算。

第一個，大概為 80 ㎡（約 24.2 坪）的五年中古屋。實際成交價約為 8,000 萬日圓。土地部分需繳納 169,200 日圓，建物部分需繳納 373,500 日圓，也就是一共要繳納約 54 萬日圓的稅金。

> 土地 課稅標準額 5,641,000 × 3% 稅率 = 169,200
> （台帳登錄價格 11,282,000÷2=5,641,000）
> 建物 課稅標準額 12,450,000 × 3% 稅率 = 373,500

第二個，大概為 25 ㎡（約 7.5 坪）的全新 1K 套房。實際成交價約為 3,000 萬日圓。土地部分需繳納 68,500 日圓，建物部分需繳納 147,200 日圓，也就是一共要繳納約 21.5 萬日圓的稅金。

> 土地 課稅標準額 2,284,000 × 3% 稅率 = 68,500
> （台帳登錄價格 4,568,000÷2=2,284,000）
> 建物 課稅標準額 4,907,000 × 3% 稅率 = 147,200

　　第三個，大概為 15 ㎡（約 4.5 坪）的 20 年小套房，總價 850 萬日圓。土地部分需繳納 31,100 日圓，建物部分需繳納 22,500 日圓，也就是一共要繳納約 5.3 萬日圓的稅金。

土地　課稅標準額 1,038,000 × 3% 稅率 = 31,100
　　　（台帳登錄價格 2,076,000÷2=1,038,000）
建物　課稅標準額 752,000 × 3% 稅率 = 22,500

▌自住屋，還可減稅

如果你購買的是 50 ㎡～ 240 ㎡的全新住宅房，或者相同大小，供自己居住使用的中古屋（需要有合法居留權簽證），「土地」部分的課稅額，亦可享有「一定金額的控除（每㎡評價額 ÷2× 住宅面積的兩倍 ×3%），本例為 338,460」之優惠。而「建物」部分的「課稅標準」則是可再享有最高1,200 萬日圓的控除。

例如第一例的 80 ㎡中古屋，由於大小符合，若登記自用住宅，因此其不動產取得稅為：

土地 課稅額 169,200 - 控除額 338,460 ＝ 0
建物 課稅標準額（12,450,000-12,000,000）
　　　　　　　　　　　× 3% 稅率 ＝ 13,500

question
37

「固都稅」是什麼？

　　上一篇講的是不動產「取得時」的稅金，而這一篇，則是你「持有時」需繳納的稅金。在台灣，你如果持有房屋，每年都要繳納地價稅跟房屋稅。日本購屋也有這種每年都要繳的持有成本。只不過比起台灣，日本的稅金真的貴太多了。大概每年的五月～六月這段期間，都道府縣稅事務所會寄一疊厚厚的稅單，要你繳交「固定資產稅」以及「都市計劃稅」。因為這兩種稅，是放在同一張單子繳納的，因此一般又稱作「固都稅」。而這兩種稅，也都有各分土地以及建物部分。單字寄來時，會有五張。因為這稅金實在太高了，對於一般人來說，真的是一個很大的負擔，因此讓你可以分期付款繳。看你要選擇一次繳清的，還是分四期的，全看你自己的經濟能力。

固都稅的計算方式

●固都稅的計算方式如下：

> 固定資產稅：課稅標準 × 稅率 1.4%
> 都市計劃稅＝課稅標準 × 稅率 0.3%

　　這裡的「課稅標準」也是以「固定資產課稅台帳」的登錄價格為準的。也由於固定資產又分成「土地」跟「建物」，因此申請台帳時，也必須兩者都申請，並且各計算其稅率。稅率原則上就是上面的 1.4% 以及 0.3%。不過如果「土地」是住宅用地，上面有興建住宅，那麼小於 200 ㎡的部分，「固定資產稅」跟「都市計畫稅」，可以再減免（建物部分沒有）。減免方式如下：

> 住宅用土地的固定資產稅＝
> 課稅標準（固定資產課稅台帳價格 ÷6）× 稅率 1.4%
> 住宅用土地的都市計劃稅＝
> 課稅標準（固定資產課稅台帳價格 ÷3）× 稅率 0.3%

　　上面這種減免的計算方式，只有「土地」部分喔，「建物」沒有喔。另外，如果你的房子是豪宅，超過 200 坪米以上，其超過的部分可沒這麼好，讓你減免這麼多。超過部分的計算式如下：

住宅用土地的固定資產稅＝
課稅標準（固定資產課稅台帳價格 ÷3）× 稅率 1.4%
住宅用土地的都市計劃稅＝
課稅標準（固定資產課稅台帳價格 ×2/3）× 稅率 0.3%

實例介紹

　　這裏依照上一個 Q&A 所提到的三間房屋，我們大致上來試算一下它們的固都稅，各是多少。以下價位皆以日圓計算。

　　第一個，大概為 80 ㎡（約 24 坪）的五年中古屋。

土地固定資產稅＝課稅標準（固定資產課稅台帳價格 ÷6）× 稅率 1.4%
　　　　　　　 11,282,000 ÷ 6 × 1.4% = 26,324
土地都市計劃稅＝課稅標準（固定資產課稅台帳價格 ÷3）× 稅率 0.3%
　　　　　　　 11,282,000 ÷ 3 × 0.3% = 11,282
建物固定資產稅＝課稅標準 × 稅率 1.4%
　　　　　　　 12,450,000 × 1.4% = 174,300
建物都市計劃稅＝課稅標準 × 稅率 0.3%
　　　　　　　 12,450,000 × 0.3% = 37,350

　　第二個，大概為 25 ㎡（約 7.56 坪）的全新 1K 套房。

土地固定資產稅＝課稅標準（固定資產課稅台帳價格 ÷6）× 稅率 1.4%
　　　　　　　 4,568,000 ÷ 6 × 1.4% = 10,658
土地都市計劃稅＝課稅標準（固定資產課稅台帳價格 ÷3）× 稅率 0.3%
　　　　　　　 4,568,000 ÷ 3 × 0.3% = 4,568
建物固定資產稅＝課稅標準 × 稅率 1.4%
　　　　　　　 4,907,000 × 1.4% = 68,698
建物都市計劃稅＝課稅標準 × 稅率 0.3%
　　　　　　　 4,907,000 × 0.3% = 14,721

第三個，大概為 15 ㎡（約 4.5 坪）的 20 年小套房。

土地固定資產稅＝課稅標準（固定資産課稅台帳價格 ÷6）× 稅率 1.4%
　　　　　　　 2,076,000 ÷ 6 × 1.4% = 4,844
土地都市計劃稅＝課稅標準（固定資産課稅台帳價格 ÷3）× 稅率 0.3%
　　　　　　　 2,076,000 ÷ 3 × 0.3% = 2,076
建物固定資產稅＝課稅標準 × 稅率 1.4%
　　　　　　　 752,000 × 1.4% = 10,528
建物都市計劃稅＝課稅標準 × 稅率 0.3%
　　　　　　　 752,000 × 0.3% = 2,256

　　另外，各個地區，以及各種不同的建物仍有輕減措施。因此上述的金額，是一般情況下的概算。實際稅金金額一律以「固定資產評價証明書／關係証明書」上所記載的金額為準。因此如有需要知道正確的金額，可委請你的仲介人員叫屋主去申請。

question
38

當房東收租要繳「所得稅」嗎？

　　前兩個 Q&A 提及的「不動產取得稅」以及「固都稅（固定資產稅＋都市計畫稅）」屬於地方稅，徵收方式也都是寄稅單來給你繳的普通徵收，稅額清楚明白。這三項稅款屬於物件本身衍生出來的相關稅賦，如果你是委託管理公司代管，他們會直接幫你拿單子去繳稅。

　　但是你收的租金，是併入所得稅裡綜合課稅的（賣屋時的讓渡所得為分離課稅），屬於國稅。因為所得稅的計算，還包含了你個人的其他收入，如薪資收入等，因此計算上也需要專業稅理士，故不屬於管理公司的業務，屋主必須自己去向稅務署申告，或委由稅理士來申告（有些管理公司會介紹配合的稅理士）。若委請稅理士，屋主還必須額外支付一筆酬勞，約為三萬日圓至十萬日圓不等。

　　所得稅的計算方法，依照課稅所得的不同，有不同稅率。計算課稅所得時，可以扣除必要經費（如固定資產稅、折舊

攤提、修繕費用等）以及基礎控除額等。目前日本的稅率表
如下：

課稅所得金額	稅率	控除額
195 萬日圓以下	5%	0 日圓
195 萬日圓 ～ 330 萬日圓以下	10%	97,500 日圓
330 萬日圓 ～ 695 萬日圓以下	20%	427,500 日圓
695 萬日圓 ～ 900 萬日圓以下	23%	636,000 日圓
900 萬日圓 ～ 1,800 萬日圓以下	33%	1,536,000 日圓
1,800 萬日圓 ～ 4,000 萬日圓以下	40%	2,796,000 日圓
4,000 萬日圓以上	45%	4,796,000 日圓

例如，扣除諸費用後的課稅所得金額，若為 700 萬日圓，
則計算方式就為：

700 萬日圓 ×23% － 63 萬 6,000 日圓＝ 97 萬 4 千日圓。

大部分的管理公司，都會幫客戶介紹稅理士，也請各位
在日本收租的房東們，務必記得每年都要申報所得稅。若沒
申報所得稅，屆時房屋出售時，可能會導致售房時的源泉徵
收（詳見 Q40）無法退稅。關於這點，請再跟您的管理公司
以及稅理士洽詢。

question

39

房子虧錢賣，要繳「讓渡所得稅」嗎？

　　台灣朋友購買房地產，多半喜歡炒短線。今年才剛買，但沒隔兩、三年就想拿出來賣。但注意，短期出售的稅率與持有長期後出售的稅率是不同的。

　　在日本，出售不動產時，會被課「讓渡所得稅」（此為國稅）。短期買賣（買進五年內賣出），則會被課徵讓渡所得稅 30%（若含住民稅則為 39%）；長期買賣（買進五年以上才賣出），則讓渡所得稅為 15%（若含住民稅則為 20%）。上述含住民稅的稅率，是屋主為日本居住者的情況（在日本生活、有合法居留權、或擁有日本國籍）者。若是非居住者，則不會被課住民稅。

　　另外有一點需要特別注意的是，「五年」的基準，是以售出當年的 1 月 1 日為時點。換句話說，如果你是 2015 年 3 月 1 日買房，而 2020 年 5 月 1 日賣房，則因為 2020 年 1 月 1 日時，你並未持有滿五年，因此是以短期讓渡所得稅計算。

此外，讓渡所得稅是賣房有賺錢才會被課稅，若房子賠錢賣，是不會被課讓渡所得稅的。以下模擬「非居住者」售屋時的讓渡所得，計算皆不含住民稅。

▎讓渡所得的計算方式

> 應繳納的讓渡所得稅 ＝ 讓渡所得 × 稅率〈短期 30%、長期 15%〉

　　一般我們會認為，所謂的讓渡所得，指的就是你「獲利」的部分。你買一間 1 億日圓的房子，賣 1 億 2,000 萬日圓，你的「讓渡所得」就是 2,000 萬日圓。然後再從 2,000 萬日圓去課 30% 的稅？其實「讓渡所得」並不是這樣算的。

　　●讓渡所得的計算方式如下：

> 讓渡所得＝賣出價格－（買進價格＋購買時各項費用＋賣出時各項費用－建物「折舊攤提」）

　　也就是說，雖然你的進價為 1 億日圓，但是你賣得時候，因為建物已經折舊了四年，所以折舊部分要從你的進價扣除。另外，買進及賣出時的各項費用，如：仲介費、印紙稅、抵

押權塗銷費用等，是可以列入你的成本計算。（PS：如果不知道你的買價，就以你的賣價的 5% 來作為你的買價。換句話說，如果你當不肖子，賣掉已經持有 N 百年的祖傳屋，就會被課稅課到吐血）。

來，實際算算看：

如果你 2014 年初買 1 億日圓，2017 年末賣 1 億 2,000 萬日圓，買進賣出各費用合計 150 萬日圓（固定資產稅等不能計入），那麼你被課的稅，計算大致如下：

賣價 1 億 2,000 萬 -（買價 1 億 + 買賣費用 150 萬 - 折舊 378 萬）=2,228 萬（國稅局認為你賺的，並非 2,000 萬）

2,228 萬 × 30% 短期讓渡所得稅＝ 668.4 萬
（你要繳的稅）

因此，雖然你帳面上賺了 2,000 萬日圓，但繳了 668.4 萬日圓的讓渡所得稅、再扣掉買賣費用 150 萬、以及三年多的固都稅（約 100 萬日圓），管理費用（約 150 萬日圓），實際落入你口袋的可能沒有你想像中的多。

也因為「折舊攤提」部分，是要從你的買進的價格中扣除，因此如果你的物件，「建物」部分價格佔比很高，那麼，在計算折舊時，你房屋折舊掉的金額也會比較高。這種情況下，有可能你賣掉的價格，就算比你買進的價格還要便宜，但是還是會有可能被課徵到讓渡所得稅。

若以上例，賣價假設為 9,900 萬日圓，實際上賠著賣，但國稅局還是會認定你的獲利為 128 萬日圓。

賣價 9,900 萬 -
（買價 1 億 + 買賣費用 150 萬 - 折舊 378 萬）=128 萬
（國稅局會認為你賺了 128 萬，而不是賠了 100 萬）

▎折舊攤提如何計算

「至於折舊攤提的金額 378 萬日圓這個數字怎麼算的呢？」

由於土地不會折舊，因此要把建物拆出來算，並乘上折舊係數。本例這裡暫時以買進時，「土地」部分價值 3,000 萬日圓、「建物」部分價值 7,000 萬日圓計算。持有年數將近四年。

●折舊的金額大致上的計算方式為：

買進價格 × 90% × 折舊係數（詳下表）× 持有年數（未滿六個月不算一年，超過六個月算一年）

建物構造種類之折舊係數（償却率）與耐用年數				
建物の構造	非事業用		事業用	
	折舊係數	耐用年數	折舊係數	耐用年數
木造	0.031	33	0.046	22
木骨砂漿（mortar）造	0.034	30	0.050	20
鋼骨 厚度 3mm 3mm 以下	0.036	28	0.053	19
厚度 3mm ～ 4mm	0.025	40	0.038	27
厚度 3mm 4mm 以上	0.020	51	0.030	34
鋼筋混凝土（RC）造	0.015	70	0.022	47

因此本例建物部分折舊攤提為：

買進價格 7,000 萬 × 90% × 折舊係數（RC 造 0.015）

× 4 年 = 378 萬日圓

▍建物價格高，折舊攤提部分高

就因為建物會折舊，因此如果你的不動產，建物部份佔的比例價格越高，在你計算讓渡所得稅的時候越不利。例如上例，若你的建物部分不是 7,000 萬日圓，而是 9,000 萬日圓呢？那麼你的折舊攤提就是 486 萬日圓。換句話說，這時國稅局認為你賺的錢就不是 2,228 萬日圓了，而是 2,336 萬日圓了，整整多了 108 萬日圓。當然就得多繳這部分的稅金了。

不過，如果你的目的不是著眼在轉賣，而是穩定收租的話呢？那麼就必須反其道而行，建物價格是越高越好！

怎麼說？因為折舊部分可以併入你的個人所得稅以及住民稅，計算成虧錢。因此，如果你的薪資以及房屋所得很高，那麼建物價格高的物件，是可以達到節稅功能的。也就是說，如果你要賣屋，則建物價格高，對你不利；如果你是穩定收租，則建物價格高，對你則有節稅的效果！因此看你個人的投資策略，稅金對策不可不知。

▍自住財產讓渡特別控除

　　那如果你今天賣的房子是自用住宅（也就是你是日本人，或有日本的居留權，居住地登記這裡），且房屋的面積高於 50 ㎡，這樣就可以享有 3,000 萬日圓的特別控除。例如上述例，你的讓渡所得為 2,228 萬日圓，但控除掉 3,000 萬日圓以後，等於不用繳稅。此外，就算你是先買新屋再賣舊屋，只要是三年內，都可以享有此特例。但賣給你的配偶者、直系親屬時不適用此特例。不過此特例三年只能用一次，以防有心人士一直轉賣炒作。

「源泉徵收」是什麼？

　　來投資東京不動產的朋友，許多人都積極詢問稅金問題，這的確是投資時應有的正確態度。而在日本買房的各種稅制中，讓大家最感不解的，我想莫過於「源泉徵收」了吧。

▍源泉徵收的定義

　　而到底什麼是「源泉徵收」呢？其實就是由你的「租客」，也就是租金來源的「泉源」，先行將你的不動產租金所得，先預扣所得稅以及復興特別所得稅下來，由租客幫你代繳給國稅局的一種制度。其實這就是我們台灣講的「預扣所得稅（withholding tax）」制度。公司的薪資，老闆（付錢的人）給員工（收錢的人）薪水的時候，不都也會先預扣個幾 % 起來。之後再由老闆幫你繳稅嗎。

　　日本的「源泉徵收」也是一樣，由租客（付錢的人）在

給房東（收錢的人）租金的時候，先把租金的一部分預扣下來，之後再幫房東繳稅。因此「源泉徵收」的義務，是落在租客身上。會有這種制度，不外乎就是因為日本的國稅沒有辦法對於住在海外的「非居住者」進行查稅以及追稅的動作。

「非居住者」房東才會被源泉徵收

至於什麼是「非居住者」呢？顧名思義，就是「沒有住在日本的人」，這當然包括各位台灣的包租公，甚至連在外國工作的日本人，都算是「非居住者」。不過日本的這個制度很奇妙的地方是，如果「非居住者」，租給的是「個人」，而不是「法人（公司）」，則這個「個人」就沒有義務要先行跟你收取源泉徵收。

來，整理一下：如果你是日本「居住者」，則房子不管租給「個人」還是「法人（公司）」，都不會被源泉徵收，都可以拿到 100% 的租金。但如果你是「非居住者」，而你的房子租給了「法人（公司）」，則這間承租的公司就得在付你房租的時候，就得先行預扣 20.42% 的源泉徵收，剩下的 79.58%，才會匯進你的戶頭。如果你是「非居住者」，你租給「個人」當住家用，則你的租客也不需要先預扣稅金，

你也是可以拿到 100% 的租金。

就算你租給法人，先預扣了 20.42%，但這也只是預扣的，如果你事後列舉出費用，又或者你在日本的總所得不高，還是可以去申請退稅的。當然，如果你到最後沒有去申請退稅，這筆錢就當作是送給日本政府花囉。

< 房客的源泉徵收義務 >

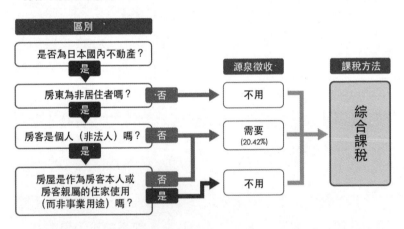

▌源泉徵收，讓你買的辦公室租不掉？

也就是因為這麼麻煩，如果一間日本的公司要來跟你租商辦，聽到還要幫你先源泉徵收，有時候就會嫌麻煩就不爽

向你租了，因此外國人在日本持有商辦，有時候不見得好出租。站在我們外國人的房東的立場也是，出租給法人，還得先被扣 20.42% 的源泉徵收，到時候還得請稅理士去辦退稅，無疑是多了一道程序跟費用，也就是因為這樣，所以我一般不建議個人小資族買辦公室來租人，可以的話，就買一般住宅產品來出租就好。

▍非居住者，售屋時也會被源泉徵收

來，不只不好租，只要你是「非居住者」，就連你售屋的時候，（在一定的條件之下）跟你買的買方也要先從房價的成交總價，先幫你扣除 10.21% 的源泉徵收來幫你繳稅，剩下的 89.79% 才會是給你的價金。

跟出租的時候有點不太一樣，售屋時，可不是賣給公司才會被源泉徵收喔。就曾經有個日本個人向非居住者的外國人買了房子後，忘記先源泉徵收，結果這日本人還賠了稅款跟罰金。所以搞不好將來你要出售時，要向你買房子的日本人，一聽說這房子是外國人的，就覺得還要去幫你源泉徵收繳稅很麻煩，就不想買了也不一定。不過幸好，如果你賣的房子是一億日圓以下，且是居住用的房子，你的買方就不需

要先行源泉徵收。更詳細的規定，請自行參考日本國稅廳的
網頁說明。

< 買方的源泉徵收義務 >

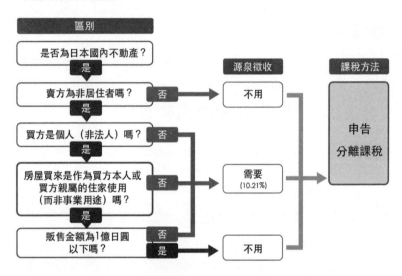

●日本人向非居住者租房的稅金規定：

https://www.nta.go.jp/taxes/shiraberu/taxanswer/
gensen/2880.htm

●日本人向非居住者買房的稅金規定：

https://www.nta.go.jp/taxes/shiraberu/taxanswer/
gensen/2879.htm

什麼？買屋也要繳「消費稅」？

日本自 2019 年，將消費稅率由 8% 調漲至 10%，也就是說，無論你「買房」還是支付「仲介費」，都還得額外多繳納 10% 的稅金。

購屋時消費稅的計算

我們先來看看購屋時，消費稅怎麼計算。假設你買一間 5,000 萬日圓的房屋，消費稅的金額可不是 5,000 萬日圓 × 10%=500 萬日圓喔。

房屋的構成，分成「土地」與「建物」兩個部分。因此你的合約多半會載明各為多少錢。例如，總價 5,000 萬日圓的物件裡面，可能土地部分為 3,000 萬日圓，而建物部分為 2,000 萬日圓。因為「土地」並不是消費品，他不會「消費」掉，因此土地不課「消費稅」。只有建物部分的 2,000 萬日

圓會課稅。

因此按照上例，向建商買屋時，應支付的總價就是建物部分（2,000 萬日圓 ×1.10 消費稅）＋土地部分（3,000 萬日圓）＝ 5,200 萬日圓。

▌從合約書上的消費稅來回推建物金額

有些建商在賣你房屋時，並不會在合約書上載明「土地」多少錢、「建物」多少錢，只會載明「總價」以及「消費稅額」。舉個例子，例如合約書上寫：「總價 4,980 萬日圓、消費稅 150 萬日圓」。

因為土地不課稅，因此我們可以利用消費稅 150 萬日圓，就可輕易自行推算出來土地與建物分別為多少錢。

因為消費稅率是 10%，因此只要將 150 萬日圓除以 10%，就可以得到建物部分的金額為 1,500 萬日圓。

至於土地部分的金額，就只要用總價 4,980 萬日圓，再減去建物部分的金額 1,500 萬日圓以及消費稅 150 萬日圓，

即可得到 3,330 萬日圓這個答案了。

●建物金額：消費稅 150 萬日圓 ÷10% 消費稅

= 1,500 萬日圓

　土地金額：總價 4,980 萬日圓－建物金額 1,500 萬日圓

－消費稅 150 萬日圓

= 3,330 萬日圓

「知道建物跟土地，分別多少錢，有什麼用處呢？」

當然有用啊，還記得我們 Q39 所提到的，建物部分可以算入攤提折舊嗎？ Q39 還提及，如果你將來「要賣屋，則建物價格高，對你不利；如果你是穩定收租，則建物價格高，對你則有節稅的效果」。知道自己的需求，跟建商談價時，才知道要如何與建商磋商，調整到最符合你自己利益的土地與建物的價格比例。

個人售屋非課稅

如果你買房時，不是向建商購買，而是透過仲介向個人購買呢？因為個人賣家非課稅，因此建物部分也不會發生消

費稅，談好多少錢，就是多少錢。

　　至於仲介費的部分，則是需要支付 10% 的消費稅給房仲。

　　假設成交金額為 5,000 萬日圓，則仲介費的計費方式如下：

●仲介費：5,000 萬 ×3%+6 萬＝ 156 萬日圓（未含稅）
　消費稅：156 萬日圓 × 消費稅 10%=15.6 萬日圓

　　因此應該要支付給房仲公司的仲介費含稅金額，就是156 萬日圓＋ 15.6 萬日圓＝ 171.6 萬日圓（含稅價）。或者直接使用速算公式：（5,000 萬 ×3%+6 萬）×1.1（消費稅），亦可得到相同的金額。

question
42

房屋租不出去，要繳「空屋稅」？

　　日本的總務省，每五年就會實施一次大規模的住宅土地統計普查。最近一次的發表為 2019 年 4 月。根據發表的內容，日本全國的總住宅戶數已來到了 6,242 萬戶，但這當中就有高達是 846 萬戶的空屋，空屋率高達了 13.6% 創新高，可見日本的空屋問題非常嚴重。

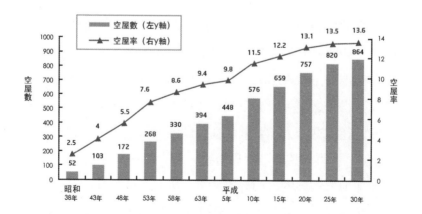

▌為什麼會有這麼多的空屋

日本之所以會有這麼多的空屋，其實跟日本的「東京一極集中」、「少子高齡化」以及「稅制」有很大的關聯。

以前的日本，城鄉差距並沒那麼大，即便是地方都市，也都有一定的工作機會。但近年來，由於東京、大阪等大都會的磁吸效應，許多年輕人長大後都離開了家鄉，到大都會去工作。工作穩定下來後，就在東京以及大阪等地買房、結婚生子，就這麼在都市安定了下來。因為這樣，日本較偏鄉的地區或是三線地方都市，人口就一直流失。這就是「東京一極集中」的問題。

而繼續留在地方都市生活的父母們，他們所居住的房子，將來留給兒子或孫子居住的機率並不高，因為兒孫們已經在都市安定下來了，不太可能回到家鄉來生活。當這些老父母過世了之後，這房子就只好處理掉（賣掉或租掉）。而其實過往的日本人，喜歡住在郊區的獨棟透天，然後天天通勤上班，因此，這些老父母所留下來的房子，地點多半不佳，再加上地方都市的人口外流嚴重，因此即使便宜賣，也找不到接手的人，想要便宜租也租不掉。這就是地方上「少子高齡化」所引發的問題。

賣不掉又租不掉怎麼辦？反正兒孫又沒有要回鄉住，那就把房子拆了吧！但，日本拆屋成本高昂，拆一棟透天動輒數百萬日圓，如果是鋼筋混凝土的大房子，甚至可能高達上千萬日圓。此外，根據日本的稅制，土地上必須要有「房屋」，土地部分的固定資產稅稅金才得以減免至 1/6、都市計畫稅減免至 1/3（詳細參考 Q37 的計算）。

這些繼承了老屋的兒孫們，想出租也租不掉、想拆也沒錢拆，就算有錢拆，拆了之後固定資產稅還會暴增六倍，因此他們就索性把房子丟在那裡，也不去管了。這也是為什麼現今日本空屋數量會這麼多的原因之一。

▍兒孫不管，政府立法管

空屋在那裡，其實對於整體環境有相當大的危害。除了可能會被亂丟垃圾、影響周遭環境以外，還有可能成為犯罪的溫床。若稍有不慎引發了火災，又或者老舊失修，導致房子倒塌了，這些都會牽連到附近的鄰居。

日本政府為了解決空屋放任不管所導致的問題，於 2015年實施了「空屋對策特別措置法（空家等対策の推進に関す

る特別措置法）」。一旦你將你名下的空屋「放任不管」，就有可能會被政府指定為「特定空屋（特定空家）」。

被指定為「特定空屋」的房屋，就不再享有上述土地部分固定資產稅 1/6 以及都市計畫稅 1/3 的減免優惠。換句話說，就是固定資產稅會直接爆增 6 倍、都市計畫稅會直接爆增 3 倍！假設有一間房屋，其土地的固定資產稅一年為 18 萬日圓，經過上述減稅後，其實每年只需要繳交 3 萬日圓即可。但若無法接受減稅的優惠，就得繳原價 18 萬。

▌怎麼樣的情況，才會被指定為「特定空屋」

而並不是所有沒人居住的空屋，都會被指定為「特定空屋」。會被指定為「特定空屋」的，多半都是管理不善、有倒塌疑慮、或衛生上問題、又或是影響周遭環境的房屋。因此並不像本 Q&A 標題這樣講的，房子租不出去，就會被課徵「空屋稅」。

而且，也不是說政府機關一看到你的房子空在那裡，就會直接給你漲稅金。當你的房屋被指定為「特定空屋」之後，政府還會去找你，跟你好言相勸，請你改進。若你不改進，

才會給你增稅。而給你增稅後，你如果繼續放置不理的話，就會罰錢（50 萬日圓以下）。繼續置之不理，政府就會派人去幫你拆掉，然後叫你付帳單。

因此，如果我們購買的是公寓大廈型的產品，因為有管委會的運作，即便你空在那裡好幾十年，也不太會遇到被指定為特定空屋的情況。如果你是購買獨棟透天的產品，就算你一年只來日本住個一兩天，只要有妥善維護，不讓它變成殘破不堪、影響環境的空屋，也不會被指定為特定空屋增加稅金。

▍活用空屋銀行

正是因為空屋會為所有者帶來這麼多的問題，因此現在有許多繼承了空屋，但不會去住的兒孫，就會選擇把房屋登錄至所謂的「空屋銀行（空き家バンク）」，將自己的物件免費送出或者超低價賣出。這樣除了省掉拆除的費用外，又可讓真正有需要的人繼續活用這間老屋，也不會讓房屋空在那裡，造成環境上的問題。

對，沒錯！如果你想要去日本鄉下長居，是可以考慮上

「空屋銀行」看看，或許可以找到免費的好物件也不一定喔！
請自行上網搜尋「空き家バンク」或「0 円物件」等關鍵字。

京都市的新稅「空屋稅（空き家稅）」

除了上述空屋會導致固都稅增稅以外，2022 年 4 月，京
都市也通過了獨自的「空屋稅」，預計於 2026 年開始實施，
正式名稱為「非居住住宅利活用促進稅」。

此一稅金，主要是針對「沒在使用的空屋」或者是「別
墅」的所有者課稅，進而促進這些空屋或者是別墅可以被拿
來活用，讓住在京都市的居民可以解決住的問題，藉以阻止
育兒家庭人口外流。因此跟上述的「特定空屋」是不同的概
念，只要是經查無人居住的房屋，就會被課以「空屋稅」。
也就是說，房子如果空在那裡不出租，就有可能被課徵「空
屋稅」。

會有這樣的新稅制，據媒體推測，可能跟中國人爆買京
都房地產有很大的關係。這些有錢的中國人到京都來炒房，
把京都房價炒到本地人買不起，許多當地人不得已被洗出了
市中心。這些中國人，房子買來並不是要住的，而是空在那

裡等著賺價差，因此京都市議會才會通過這樣的法案，希望
能夠逼退這些投資客。

空屋稅的稅額，是以房屋以及土地的固定資產評價額來
試算的。具體計算方式為：

- 房屋部分：固定資產稅評價額的 0.7%
- 土地部分：固定資產稅評價額的 0.15% ～ 0.6%

> 1. 若房屋評價額未滿 700 萬日圓，則課以固定資產稅
>   評價額的 0.15%
> 2. 若房屋評價額為 700 ～ 900 萬日圓，則課以固定資產稅
>   評價額的 0.3%
> 3. 若房屋評價額為 700 ～ 900 萬日圓，則課以固定資產稅
>   評價額的 0.6%

根據試算，京都市中心屋齡五年左右、約 100 ㎡的公寓
大廈頂樓房型，一年的空屋稅約為 94 萬日圓。如果是郊區
20 年相同大小的老屋，就大概一年 3 萬日圓左右而已。因此
稅額高低，主要還是看不動產的價值。

此外，為了避免傷及無辜，若可證明沒人居住的原因，
是因為調職或者是外派海外、又或是居住於養老院、照護機
關、則是可以免徵空屋稅。而如果房屋本身是屬於上述那種

沒人要、屋主想賣也賣不掉的特定空屋，若其固定資產評價額未滿 100 萬日圓，則是稅制導入後的前五年亦可以免徵空屋稅。

　　空屋稅目前只有京都預定導入，將來會不會擴及日本全國？對京都的不動產市場會造成何種影響？都還有待進一步的觀察。

我送房子給兒子，要繳「贈與稅」嗎？

只要你的房子在日本，無論你是不是日本人、無論你的小孩是不是日本人、無論你們雙方是不是日本的居住者，只要你將房屋過戶給兒女，就會被課「贈與稅」。

這一篇，我們就來舉「贈與現金」以及「贈與房產」時為例，稍微了解一下大概會被課徵多少的稅金。

▌贈與稅的計算方式

● 贈與稅的計算方式：

step1. 先算出「課稅價格」。

> 課稅價格＝贈與的金額或不動產的評價額
> －基礎控除額 110 萬日圓

step2. 再把「課稅價格」乘上稅率後，再扣除控除額，
即是贈與稅的金額。

贈與稅金額＝課稅對象額 × 稅率－表格控除額

【一般贈與稅率】

基礎控除後の課稅価格	200萬円以下	300萬円以下	400萬円以下	600萬円以下	1000萬円以下	1500萬円以下	3000萬円以下	3000萬円超
稅 率	10%	15%	20%	30%	40%	45%	50%	55%
控除額	-	10萬円	25萬円	65萬円	125萬円	175萬円	250萬円	400萬円

【特例贈與稅率】

基礎控除後の課稅価格	200萬円以下	400萬円以下	600萬円以下	1000萬円以下	1500萬円以下	3000萬円以下	4500萬円以下	4500萬円超
稅 率	10%	15%	20%	30%	40%	45%	50%	55%
控除額	-	10萬円	30萬円	90萬円	190萬円	265萬円	415萬円	640萬円

以上表格引用自國稅廳網站：

https://www.nta.go.jp/taxes/shiraberu/taxanswer/zoyo/4408.htm

　　「一般稅率」，指兄弟間、夫妻間、未成年子女間的贈
與行為。
　　「特例稅率」，則為祖父母贈與滿 18 歲的成人孫子、
父母贈與滿 18 歲的成人兒女這種直系親屬贈與時的特例。

▌舉例 1：贈與現金

　　若父親贈與兒子1,000 萬日圓的現金，則「課稅價格」為：

1,000 萬日圓－基礎控除額 110 萬日圓＝ 890 萬日圓

　　由於是直系間的親屬贈與，因此採用表格中的
「特例稅率」
課稅價格為 890 萬日圓，因此稅率為 30%、控除額為
30 萬日圓：

890 萬 x30%-30 萬＝ 237 萬日圓

　　此例中的兒子，必須繳納 237 萬日圓的贈與稅。

舉例 2：贈與房產

　　若為房產，則並不是以你購買房產時的價格來計算，建物部分使用「固定資產稅評價額」來計算，土地部分則是使用「路線價」進行補正等計算。由於計算需要調閱固定資產評價證明，並需要一定的專業知識，建議委請專業稅理士計算。本例假設不動產的評價額為 5,000 萬日圓。（※註：一般而言，評價額約為市價的七成，讀者可藉由此數字試算，但不一定準確。）

「課稅價格」為 5,000 萬日圓 -110 萬＝ 4,890 萬日圓

　　由於是直系間的親屬贈與，因此採用表格中的「特例稅率」
課稅價格為 4,890 萬日圓，因此稅率為 55%、控除額為 640 萬日圓：

4,890 萬 x55%-640 萬＝ 2,049 萬日圓

　　此例中接受房產贈與的兒子，必須繳納 2,049 萬日圓的贈與稅。

▎贈與買房資金

　　最後，要請讀者特別注意的是，台灣父母若是想要幫兒女在日本添購房產，1. 以自己的名義匯款至日本兒女的帳戶，或者是 2. 以自己的名義匯款至日方賣家的帳戶，但最後房屋卻登記在兒女的名下，上述兩種情形皆有可能被日本國稅廳認定為贈與行為而被課徵贈與稅，請務必留意。

question
44

不小心撒手人寰，要繳「遺產稅」嗎？

如果你不小心過世了，只要你的房子在日本，那無論你是不是日本人、無論你的小孩是不是日本人、無論你們雙方是不是日本的居住者，也「通通都會被課到遺產稅（相続稅）」。

▌遺產稅的計算方式

●遺產稅的計算方式：

step1. 先算出「基礎控除額」。
基礎控除額的多寡，端看繼承人數而定。

> 基礎控除額＝
> 3,000 萬日圓＋（600 萬日圓 × 法定繼承人人數）

假設某人有兩名子女（一男一女）、一名遺孀在世，則繼承人數為 3 人，基礎控除額的計算方式就是：

3,000 萬日圓＋（600 萬 ×3 人）＝ 4,800 萬

上述 4,800 萬日圓這個數字，就是可以從總財產當中，扣除不計遺產稅部分的基礎控除額。只要將此人的總財產，再扣除這 4,800 萬日圓，剩下的部分就是會被納入遺產稅計算的「課稅遺產總額」。

step2. 計算被繼承人的「課稅遺產總額」。若被繼承人的遺產大於「基礎控除額」，則必須申告並繳納遺產稅，若他的遺產不足上述的基礎控除額，就不需要申告繳納遺產稅。

假設此人有 1 億 4,800 萬日圓的現金額產，那他的「課稅遺產總額」就是：

1 億 4,800 萬日圓－基礎控除額 4,800 日圓＝ 1 億日圓

step3. 接下來分別計算 3 位繼承人應該繳納的遺產稅。

依照法定繼承份額，遺孀繼承 1/2（課稅對象 5,000 萬日元）、兩名子女各繼承 1/4（課稅對象 2,500 萬日元），

則根據稅率表，遺孀的稅率為 20%，並可享有 200 萬日圓的控除額；子女的稅率為 15%，並可享有 50 萬日圓的控除額。

遺孀：5,000 萬日圓 ×20% － 200 萬日圓控除額
＝ 800 萬日圓

子女：2,300 萬日圓 ×15% － 50 萬日圓控除額
＝ 325 萬日圓

遺產稅速算表		
遺產稅課稅對象額	稅率	控除額
1,000 万円以下	10%	－
3,000 万円以下	15%	50 万円
5,000 万円以下	20%	200 万円
1 億円以下	30%	700 万円
2 億円以下	40%	1,700 万円
3 億円以下	45%	2,700 万円
6 億円以下	50%	4,200 万円
6 億円超	55%	7,200 万円

以上表格引用自國稅廳網站：
https://www.nta.go.jp/taxes/shiraberu/taxanswer/
sozoku/4155.htm

step4. 最後，再將三人分別計算出來的納稅額，加總起來，
就是家族全體必須繳交的遺產稅總額了。

> 遺孀 800 萬日圓＋兒子 325 萬日圓＋女兒 325 萬日圓
> ＝ 1,450 萬日圓

也就是說，雖然遺孀實際分到的財產為 7,400 萬日圓，
但遺產課稅對象會以 5,000 萬日圓來計算，經過計算稅金以
及控除後，實際繳交的遺產稅為 800 萬日圓；兒女實際分到
的財產各為 3,700 萬日圓，但遺產課稅對象會以 2,500 萬日
圓來計算，經過計算稅金以及控除後，實際繳交的遺產稅為
325 萬日圓。

與「贈與稅」時相同，繼承房屋時，並不是以你購買房
產時的價格來計算，建物部分使用「固定資產稅評價額」來
計算，土地部分則是使用「路線價」進行補正等計算。由於
計算需要調閱固定資產評價證明，並需要一定的專業知識，
建議委請專業稅理士計算，這裡就不再舉例。

遺孀	兒子	女兒
5,000萬日圓	2,500萬日圓	2,500萬日圓
(1億日圓 x 1/2)	(1億日圓 x 1/4)	(1億日圓 x 1/4)

	遺產稅課稅對象	稅率		控除額		遺產稅額
	5,000萬日圓	x 20%	−	200萬日圓	=	800萬日圓
	2,500萬日圓	x 15%	−	50萬日圓	=	325萬日圓
	2,500萬日圓	x 15%	−	50萬日圓	=	325萬日圓

家族全體必須繳交的遺產稅總額 為 **1,450萬日圓**

(800萬日圓+325萬日圓+325萬日圓)

七、
精算篇

07

教你用數字，算出房子值不值得買

真實投報率是多少？量價之間有何關係？投資移民是否可行？

一間房屋是否物超所值？全部舉實際的例子，算給你看！

實戰練習：實際投報率剩多少？

　　人在台灣，投資日本房市，就等於是分給國稅局、稅理士、管理公司、以及房仲業者一起賺嗎？常常聽到網路或台灣電視台，報章雜誌的（置入性新聞）說，日本房市的投報率多高多高，7% ～ 10% 都不成問題。沒錯，真的就那麼高！不過這只是「表面投報率」而已，跟實際進你手中的，還差一大截呢！（※ 註：投報率的計算，可以參考同時上市的『日本買房關鍵字』一書 3-2)

　　「實際投報率」的計算，必須還要扣除稅金、管理費用，並且還得將你取得時，所耗費的成本，加到你的房價上。而各項稅金的詳細，我們已在上一篇稅金篇詳細介紹了。這個Q&A，就當作是上一篇的綜合練習，來演練一個實例，讓各位了解「表面投報率」與「實際投報率」的差異有多大！

　　物件條件如下：

目黑區・車站兩分鐘・1R 蚊型套房・
總價 850 萬日圓・月租 5.8 萬日圓

表面投報率為：
5.8 萬日圓 × 12 個月 ÷ 總價 850 萬日圓＝ 8.18%

▌買房的成本

上述的例子，看似高投報，但若要計算出「實際投報
率」，還必須將你買房時的成本加上去。因此 850 萬日圓，
還需加上取得時的「不動產取得稅」、「仲介費」以及「登
記費用（司法書士報酬及登錄免許稅）」與簽約時，必需貼
在契約書上的的「印紙稅」。

「不動產取得稅」的課稅標準為「固定資產課稅台帳」
的登錄價格。這可不是你的成交價喔，而是記載於都道府縣
各個行政區裡的「固定資產課稅台帳」裡的價格。此例所舉
出的房屋，其實就是 Q36 當中所舉出的第三例物件，「房屋
22,500 日圓＋土地 31,100 日圓＝ 53,600 日圓」。計算方式
請參考 Q36。

　　而購買時的「仲介費」為「（850 萬日圓 ×3%＋6 萬日圓）×1.10 消費稅＝ 346,500 日圓」。

　　「印紙稅」為製作不動產契約時，需要貼在合約書上的印花稅。依成交金額而不同。以下刊載的稅額表為不動產契約書時的輕減稅額。這裡總價未滿 1,000 萬日圓，故為 5,000 日圓。

契約書上記載金額	印紙稅
10 萬日圓～ 50 萬日圓	200 日圓
50 萬日圓～ 100 萬日圓	500 日圓
100 萬日圓～ 500 萬日圓	1 千日圓
500 萬日圓～ 1,000 萬日圓	5 千日圓
1,000 萬日圓～ 5,000 萬日圓	1 萬日圓
5,000 萬日圓～ 1 億日圓	3 萬日圓
1 億日圓～ 5 億日圓	6 萬日圓
5 億日圓～ 10 億日圓	16 萬日圓
10 億日圓～ 50 億日圓	32 萬日圓
50 億日圓以上	48 萬日圓

「登錄免許稅」則為所有權登記時、以及貸款抵押權設定時所需繳納的稅金。計算方式為「固定資產課稅台帳登錄價格 × 稅率（土地 1.5%、建物 2%、另有特例）」。本例為 47,254 日圓。

「司法書士報酬」則因每間事務所的服務而有所不同。本例為 78,264 日圓。

因此本例的 實際買房成本為 9,030,618 日圓 。
（總價 850 萬日圓＋不動產取得稅 53,600 日圓＋仲介費 346,500 日圓＋印紙稅 5,000 日圓＋登錄免許稅 47,254 日圓＋司法書士報酬 78,264 日圓）

▌每年持有的成本

持有時，每年須繳「固定資產稅」、「都市稅」、「所得稅」、「房屋管理修繕費用」、「管理公司集金代行費用」。

關於每年的「固定資產稅」以及「都市稅」，也是以「固定資產課稅台帳登錄價格」來計算，並且每三年改訂一次。此例所舉出的房屋，其實就是 Q37 當中所舉出的第三例

物件，計算方式請參考 Q37。此例的土地部分固定資產稅為
4,844 日圓、都市稅為 2,076 日圓。建物部分固定資產稅為
10,528 日圓、都市稅為 2,256 日圓。因此一年份的「固都稅
（固定資產稅＋都市稅）」總和為 19,704 日圓。

而「所得稅」則依個人所得，稅率不同。此物件年收租
約為 70 萬日圓，扣除各項費用後的課稅所得為 50 萬日圓，
因此以 5% 稅率計算。約為 25,000 日圓。非居住者投資客不
需要繳納「住民稅」。若所得稅委請稅理士計算，則收取 3~10
萬日圓不等的報酬。

此物件每月的管理費用為 7,480 日圓、修繕費用為 2,720
日圓。因此一年的總支出為（7,480 日圓＋ 2,720 日圓）
×12 個月 =122,400 日圓。

若委託代管公司管理「集金代行」服務，幫你收取房租，
則每個月收取房租的 5%，並加上消費稅。此例的「集金代
行」，每年的費用為（58,000 日圓 ×5%）×1.10 消費稅
×12 個月 =38,280 日圓。

因此本例的 持有成本，一年為 245,384 日圓 。
（固都稅 19,704 日圓＋所得稅 25,000 日圓＋管理修繕費

122,400 日圓＋集金代行 38,280 日圓＋稅理士報酬 40,000
日圓。）

▎實際投報率

實際投報率的計算方式為（每年收到的租金－每年持有
的成本）÷ 買房時的成本。因此這間小套房的實際投報率計
算如下：

> （月租金 58,000 日圓 ×12 個月 - 每年持有成本 245,384
> 日圓）÷ 買房成本 9,030,618 日圓
> ＝ 450,616 日圓 ÷9,030,618 日圓＝ 4.98%

此例的「表面投報率」高達 8.18%，

但「實際投報率」卻只有 4.98% ！

不過上面這個例子並沒有把「空屋期」算進去。上述的
例子，是假設你運氣很好，房客一直租下去。如果途中房客
搬走，你會有空屋少收租金，同時又要繳管理費用，為了找
新房客，還得給房仲業者仲介費用。因此實務操作上，投報
率會遠比 4.98% 還低。

▌模擬包含空屋期的投報率

來，這裡我們就再算嚴格一點。假設每年空屋一個月，那麼你一年收到的租金則只有 58,000 日圓 ×11 個月 =638,000 日圓。

「每年持有的成本」原本為 245,384 日圓，但由於假設空屋期為一個月，而這一個月，代管公司不會收取集金代行費用，因此持有成本降為（245,384 日圓－一個月份的集金代行費用 3,190 日圓）＝ 242,194 日圓

若兩年換一次房客，支付一個月的仲介費用，則平均每年要花費 31,900 日圓的仲介費用（月租金 58,000×1.1 消費稅 ÷2 年）。

若房客搬走後，可能得花個十萬日圓整修內裝重貼壁紙等，因此每年約多出 50,000 日圓的內裝整修費用。

這時實際投報率的計算如下：

（月租金 58,000 日圓 ×11 個月－每年持有成本 242,194
日圓－每年平均出租仲介費用 31,900 日圓 - 每年平均內裝
整修費用 50,000 日圓）÷ 買房成本 9,024,318 日圓
＝ 313,906 日圓 ÷9,030,618 日圓＝ 3.47%

投報率從一開始的表面投報率 8.18%，頓時降至實際投
報率 3.47%，有沒有覺得頓時少了一半以上，很衝擊呢？

因為你賺的房租錢，大部分都被日本的國稅、地方稅、
以及管理公司、集金代行公司還有仲介業者跟稅理士分走了。
因此投資前，可別再被「表面投報率」給迷惑囉。

如何從「量價關係」來判斷社區價值？

　　東京都心精華區的公寓大廈新成屋價格飆漲，導致許多首購族無力負擔，只好將目光轉移至中古屋。但中古屋市場，本來就每個社區良莠不齊，即使兩個社區相互為鄰，地段相同，但不同的產品規劃、管理的好壞、住戶的素質，都會影響社區的價值。

　　房市市況很好的時候，群魔亂舞，不好的產品也會因為有獲利空間而在市面上橫行。對於不動產市場不熟悉的海外投資者或者是首購族，往往就會因此而誤入雷區，到最後不僅買貴了，落得房價損失慘重外，住起來也不舒服。

　　「那，究竟要怎麼樣，才能判斷一個社區的價值呢？」

　　日本知名的財經週刊「週刊ダイヤモンド」就曾經做過一期專題報導，以「流通率」與「上升率」的觀點，來分析一個社區的好壞。

▍中古社區的量價關係

　　所謂的「流通率」，指的就是這個社區在一年當中，有多少間住戶拿出來賣（並非成交數量，而是拿出來委售的房屋數量）。然後再把這個數量除以社區總戶數，所算出的百分比，即為「流通率」。也就是以「量」的角度，來觀察一個社區掛牌出售物件的比例。例如 A 社區總戶數為 60 戶，一年內有 3 戶拿出來賣，那麼這個社區的流通率就是 3÷60 ＝ 0.05 ＝ 5%。

　　而「上升率」，指的就是這個社區內，一定期間的房價上漲比率。也就是以「價」的角度，來觀察一個社區升值的幅度。例如 A 社區 2014 年時，房價均價若為 7,000 萬日圓，而 2017 年時，房價均價漲到了 8,500 萬日圓，那麼這個社區的上升率就是 1+（8,500 萬 -7,000 萬÷7,000 萬）＝ 1.2142 ＝ 121.42%。

　　一般來說，上升率多以十年間的漲幅來計算，但有時候為了觀察特定一段期間的上漲情況，例如想觀察「安倍經濟學」開始後，漲幅最兇猛的三年間的上升率，則亦可像上述舉例一樣，僅計算 2014 年到 2017 年之間的上漲幅度。

▌「流通率」與「上升率」各代表什麼含義？

　　「流通率（量）」代表的是「居住價值」。若流通率很「高」，就代表這個社區的居住價值很「低」。原因很簡單，因為流通率高，就代表有很多住戶把房子拿出來賣。以日本人的購屋行為來看，房子多是買來自用的，因此如果買來後還會再拿出來賣，就有很高的可能性，是表示住戶住得不舒服。因此，一個社區如果流通率高，自然就代表這個社區較差。反之，如果流通率低，就代表這個社區很好住，因此屋主都不想賣。

　　「上升率（價）」代表的是「資產價值」。若上升率「高」，當然就是代表資產價值「高」，因為房價漲得多啊。若上昇率「低」，當然就意味著資產價值低。甚至會有些物件，算出來的上升率會是低於 100% 的，這就代表房價不漲反跌。

　　以下，我們分別來看看「流通率高、上升率高」、「流通率高、上升率低」、「流通率低、上升率高」與「流通率低、上升率低」這四種情況，分別有可能是怎麼樣的情況，並舉出當時出刊的「週刊ダイヤモンド」所刊載的案例說明。（※註：此為 2017.10.28 出刊時，週刊的觀點。由於近期並無類似的專題報導，因此舉例中的案例與現在的狀況可能已經有所不同。）

狀況一：流通率「高」、上升率「高」

　　若你欲購買的物件是屬於流通率高、上升率也高的，那就代表雖然這個社區的資產價值很好，房價有漲，但同時也代表著它是個居住價值很差的物件。說穿了，這就是適合投資炒作的產品，而不適合居住。

　　根據報導，當時都內唯一流通率超過 10% 的，就屬於代官山車站一分鐘，由 APA 集團販售的「The Conoe 代官山」。由於它離車站一分鐘，又是金字招牌的「代官山」住址，因此房價漲了許多。但根據週刊報導，這個社區總是維持著 1 成以上的戶數在銷售當中。也就是，當初買的人，很多都是投資客，買來的目的都是為了轉售賺差價的。而且其實台灣人都知道，投資客多的社區，多半會非常難住，再者，代官山車站一分鐘的地方，平時就是車水馬龍，附近閒雜人等出沒複雜，且周遭可以採買的店面也多以高級品牌以及服飾類的居多，就生活上而言，可能不是這麼的舒適。

　　購買這樣的產品前，可能得先弄清楚自己購屋的目的究竟是什麼。如果是自住，可能要三思，因為這樣的環境不見得可以長居久安。而如果是投資，就衡量自己買進的價位是否還有獲利空間。

▌狀況二：流通率「高」、上升率「低」

流通率高，代表大家都想賣；上升率低，代表房價漲不了。這樣的物件就是標準的地雷型產品。除了整個社區賣壓很大，容易導致大家互相競爭殺價以外，住起來可能也不會太舒適。

根據週刊報導，這種狀況的典型物件，就屬三菱地所在晴海所分售的「The Parkhouse 晴海 Towers Tiaro Residence」。週刊提及，當初分售時，除了價格就已經稍微過高以外，又加上附近供給量太大，因此這個案子流通率是東京都內第二多的，但上升率卻只有 92%，也代表這個案子非但沒漲價，還反跌了 8%（當時數據、週刊調查）。

▌狀況三：流通率「低」、上升率「高」

流通率低，上升率高，就代表著這個社區不僅資產價值高，就連居住價值也很高，所以大家都不賣。而一但有人拿出來賣，就是高價成交。基本上，如果你購屋的目的是買來自住的，那一定要把握這樣的案子。有適合自己的房型，可以接受的價位，就大膽下決定吧！

週刊提及的代表案例，就是位於港區白金高輪，由三井物產、新日鐵都市開發等複數的開發商所共通營造的「Place 白金 Bright Residence」。三年來，價位非但上漲了 130% 之多，流通率也非常少，僅有 0.49%。也就是，就算捧著錢，還不一定可以買得到。

▍狀況四：流通率「低」、上升率「低」

流通率低，上升率也低的物件，相對來說，應該住起來是舒服的，因為很少人拿出來賣。不過即使有人拿出來賣，價錢可能也漲不到哪裡去。週刊上並沒有介紹這樣的狀況。不過就我的觀察，這樣的地方應該多半位於都心的邊緣，且離車站稍稍有距離的純住宅區。這樣的地方，住起來舒服，但由於不會有人買這個地方來投資，因此價位相對持平，沒有太大的波動。如果你喜歡這樣的社區的環境，也把房屋當作消耗品，不考慮轉賣賺差價的話，或許會是個不錯的選擇。

上述的統計，為「週刊ダイヤモンド」與不動產情報網站「マンションマーケット（Mansion Market）」合作製作的。若你有感興趣的物件，亦可自行前往「マンションマーケット」（https://mansion-market.com/）的網站瀏覽。

　　這個網站刊載了許多建案社區的詳細資料，雖然沒有直接給出「流通率」以及「上升率」的數值，但裡面有每個案子近年來的販售紀錄、價位走勢、以及周邊的行情與建案等，非常具有參考價值。也建議讀者在買屋前，可以利用裡面的資訊，自己大略估算有興趣建案之「流通率」及「上升率」後，再下手也不遲！

question
47

這個中古屋，物超所值嗎？

對我個人而言，自己住的房子，至少室內面積也要有 100 ㎡（約 30 坪）以上，而理想值，則是最好能夠有 150 ㎡（約 45 坪）。雖然說室內面積超過 30 坪（不含公設）的房子，在台灣比比皆是，但在日本卻非常稀少。相信台灣的朋友來日本看屋時，應該也會覺得為什麼日本的房子都這麼這麼小，也難怪會被外國人戲稱為兔籠（Rabbit Hutch）。

超過 100 ㎡的物件非常稀少

據統計，日本超過 100 ㎡以上的公寓大廈型產品，大約只佔了 10% 左右。如果光看東京都心新發售的新成屋，則更是只佔 1% 左右而已。一般家庭房的三房產品，大小約莫落在 70 ～ 90 ㎡（約 21 ～ 27 坪），而超過 100 ㎡的房型，建商在銷售時，就會將它規劃成頂級物件，除了用更好的設備以外，開價也會比其他未滿 100 ㎡的普通房型單價要來得高。

（※ 註：不是單價多個五萬、十萬那種，而是總價多個 30% ～ 40% 這種誇張的開價。）

　　會這樣規劃，原因有二：

　　第一，就是日本的房屋持有成本很高，面積越大，固定資產稅以及管理修繕費用就越高。因此對於一般人而言，即便買得起也不見得養得起。有能力負擔的，多半是高收入或高資產階層，因此建商多會把超過 100 ㎡的房型規劃在頂樓或者是高樓層，並使用較高等級的裝潢，以提升它的附加價值，高價賣給買得起的人。

　　第二，其實日本的上班族加班是常態，爸爸常常很晚回家，因此大部分的時間，家裡也就只有太太一人。而如果小孩要上學，也都下午才會回家，所以對日本的一般家庭而言，也不需要太大的空間。

　　正因如此，日本超過 100 ㎡的房型，往後如果要脫手，也會有一定的困難度。因為比較屬於小眾市場。

超過 100 ㎡ 的物件，只能買這裡

而我的工作性質跟別人不太一樣，待在家裡的時間很長，因此寬敞的家居空間對我來說非常重要。不過若以目前的市況，要購買超過 100 ㎡ 的新成屋，實在也不是我這種市井小民可以買得起的。因此，就只能從中古屋著手。

買屋時的大原則，就是「產品」與「地點」兩者要能夠互相媒合，房屋將來才有機會脫手。超過 100 ㎡ 的房子，就只有高資產以及高所得的人會買，因此如果有考慮到往後的脫手性，超過 100 ㎡ 的房子，建議買在「港區」、「千代田區」、「澀谷區」、「新宿區」、或 Q21 所介紹的高級住宅區（如豐島區的目白、品川區的上大崎、目黑區的青葉台 … 等）。這些地區，往後想要賣的時候，比較會有人願意接手。

在 1980 年代後期的泡沫時代，日本是個全民瘋炒房的年代，「港區」、「千代田區」、「澀谷區」等地的超過 100 ㎡ 以上的高檔產品，當時可能一戶的售價都要 8 ～ 10 億日圓，甚至有聽過 30 億的。而在那樣的時代，建商蓋房子，幾乎都沒在管「產品」跟「地點」是不是媒合，反正大家錢多，高級的東西多蓋一點，還是會有人買。因此，其實在「中

野區」、「杉並區」、「練馬區」等地，還有一些泡沫時代所留下來的高檔社區。這些社區，每戶也都超過 100 ㎡以上，當時一戶也是要價 3 ～ 5 億，但由於這些社區是蓋在「產品」跟「地點」不媒合的地方，因此當時跌價時的幅度，比起正都心的房屋重很多。當時要價 3 ～ 5 億，現在卻跌到只剩 6000 多萬～ 1 億左右的，比起當時的分售價，真的是腰斬再腰斬。

▌跌了那麼多，可以去撿嗎？

那，像筆者我這種荷包淺、又想住大房子、之後又不打算脫手的人，是不是可以去買這種泡沫時代跌很大的中古屋呢？看起來似乎非常划算！它真的物超所值嗎？

超過 100 ㎡的房子，基本上如果是在這些區域，其實是很難出租掉的，因此若以「收益還原法」的方式來回推它的合理房價，或許會失真。而其實這樣的產品，設備跟社區規劃，其實也比周遭一般 70 ～ 90 ㎡的家庭房社區的產品高檔，因此用「比價法」，來與周遭的一般房產品的價位相比，似乎也不是那麼客觀。

　因此這樣的產品，價位是不是真的「物超所值」？我們不妨可以使用「原價法」，來計算其「地價」跟「建物造價」，進而評估看看這房子到底值不值得撿。（※ 註：比價三手法，可以參考同時上市的『日本買房關鍵字』一書 3-4）

　順道補充一點，此方法算出來的價格，又稱作是「積算價格」。

▎實際舉例估價看看

　舉個例子，這是我在杉並區看到的一個很中意的產品：

> 屋齡 28 年、室內面積 184 ㎡、
> 土地持分 191 ㎡，開價 11000 萬

第一步，算出土地價值

　首先，既然我們知道土地持份有 191 ㎡（可以從權狀回推），就可以試算買來以後，所擁有的土地部分到底值多

少錢。土地價格可以查詢國稅廳公布的「路線價」，或者是使用國土交通省公布的「公示地價」。使用路線價時，要注意路線價約為市價的八折，因此需要推算回去（路線價÷80% ≒市價），才可得到接近市價的價位；使用地價公示時，要注意公示價格要再乘上 1.1 ～ 1.2 倍，才可得到接近市價的價位。

●國稅廳路線價：

https://www.rosenka.nta.go.jp/

●國土交通省地價公示：

https://www.land.mlit.go.jp/webland/

　　這裡我們就使用地價公示為例。由於每塊土地以及用地區分、容積率等都不盡相同，因此一定要拿附近最近的一塊地，並且確認這塊地的用地區分跟容積率是一樣的來比較，這樣比下去才有意義。經過我的調查，這個區塊的地價公示，1 ㎡為 50 萬日圓。因此市價就大概是 55 萬（50 萬 ×1.1 倍）

●土地價值：191 ㎡ ×55 萬日圓 = 10,505 萬日圓。

第二步，算出建物價值

　　接下來，我們來算算看建物值多少錢。根據令和 3 年（2021 年）國稅廳公布的建築單價表中可得知，東京都的 RC 鋼筋混凝土造的建築平均每㎡的造價為 32 萬日圓（※ 註：請自行上國稅廳的網站查詢，或參考同時上市的『日本買房關鍵字』一書 3-4 的附表）

　　也就是說，光是建物部分，如果現在要重蓋出一棟一模一樣的新屋，造價大約就是 5,888 萬日圓（室內面積 184 ㎡ ×32 萬日圓 =5,888 萬）。

　　但其實我們在討論的這間房屋已經是 28 年中古屋了，因此若假設 RC 的 使用年限為 47 年（事實上保養得宜，用個 100 年都沒問題），那 28 年的建物，殘值就是 2,380 萬日圓（5,888 萬 ÷47 年 × 剩下的 19 年 =2,380 萬）。也就是你這間老屋的室內建物部分，價值是 2,380 萬日圓。

●建物價值：32 萬 ×184 ㎡ × 折舊（1 － 28 年／ 47 年）
　　　　　　＝ 2,380 萬日圓。

第三步，將土地與建物殘值加總

　　土地不會折舊，所以是 10,505 萬日圓，建物是 2,380 萬日圓，兩個加總起來就是 12,885 萬日圓，<u>估算出來的剩餘價值，還比它的開價 11,000 萬日圓高。</u>

　　對了，公寓大廈型的房屋會不會有共用空間？共用空間造價要不要錢？當然要啊！不過因為公設部分的計算複雜，我們這裡就簡單計算即可。此外，土地的取得，真的是每㎡ 55 萬就買得到嗎？當然不可能！55 萬只是公告現值推算出來的價格。也就是說，建商如果要再蓋一間一樣大小的產品，土地成本加造價，其實會遠高於這個開價。

　　因此這間老屋，11,000 萬日圓的開價，物超所值。因為建商用一樣的錢，是蓋不出來的！

- 土地推算：191 ㎡ × 推算價格 55 萬＝ 10,505 萬
- 建物推算：184 ㎡ × 標準造價 23 萬＝ 5,888 萬
- 建物殘值：5,888 萬 ÷47 年 × 剩下的 19 年 =2,380 萬
- 土建合計：10,505 萬 +2,380 萬＝ 12,885 萬

經過上述的推算，雖然知道這間中古屋物超所值，但其實回歸問題的原點，因為這個「產品」跟它所處的「地點」不媒合，因此買了，不見得有機會賺到增值財，就連到時是否能順利脫手都還不一定。

其實這間房子已經賣了半年多了，還是乏人問津。只能說，如果是要買來當自住屋、自爽的，可能會是個相對划算的選擇。我倒是很想買來自住。

「那 ... 到最後 TiN 為什麼沒有買呢？」

答：除了管理修繕基金高昂以外，最大的原因，就是這個社區規定不能養狗！

Special thanks ♡

peko   mei mei

深度思考：「成交價」是「合理價」嗎？

常常有朋友問我說：「TiN，我看中一個案子，這個案子的合理價應該是多少？」。我有時候遇到這種問題都不知道該怎麼回答。因為，即便知道「合理價」是多少，你也不見得就有辦法用「合理價」買到。

嗯…，抱歉。我換個描述的方式：應該說「成交價」，不見得「合理」，因此有時候會「買貴了」或者「賣便宜了」，又或者是整個區域存在著「漲過頭」或「跌過頭」的情況，因此有可能「成交價」並不「合理」。

▍成交價跟合理價差很大？

那 ... 有沒有辦法算出一間房子的「合理價」呢？當然可以。估價師就是專門計算房屋「合理價」（估價）的。但「成交價」是多少？這又是另一回事了。我記得我朋友的公司曾

經要競標某塊法拍土地來蓋大樓，於是找了估價師來估價，估出來的市值是 6 億日圓。結果實際競標時，他們公司沒標到，到最後多少錢成交你知道嗎？ 17 億日圓！對，我沒有多打一個 1，是「十七億」，整整差了快三倍！

「哇！是請到個兩光估價師是不是？」

當然不是。估價師在估價時一定是有所本，參考了許多數據，例如工示地價、土地容積，以及出租時的租金行情來預估土地價值。但到最後為什麼成交價會差這麼多？其實這個案子，據了解有很大的原因，是因為當時日本觀光客人數暴增、旅館嚴重不足。如果將這塊地拿來興建旅館，收益性將會非常高，而且很有可能住房率也可以高達九成多。也就是說：出價出到 17 億的人，是以「未來」收益的角度，來評估這塊土地的價值。而估價師，則是以「過去」的指標（公示地價為落後指標），來衡量這塊地的價值，當然就會產生這麼大的落差。

據了解，得標的，其實是一間很大間的連鎖商務旅館業者，他們或許認為這個區域的建地難得，而依照他們經營旅館的經驗評估，這塊地就算再貴，只要得標，應該接下來好幾年都能賺飽飽，所以才敢大手筆天價搶標也不一定。也就

是說，估價師所估出來的「合理價」是 6 億，但實際上你卻必須出到 17 億才買得到。「合理價」跟「成交價」的落差，非常大！

建商售屋時的售價怎麼算？

接下來，舉個比較庶民的例子好了。

假設有一棟新建的公寓大廈型房屋，經過上一個 Q&A 也有使用到的「成本法」計算後，得出你所欲購買的房間，土地成本加建造成本所計算出來的「積算價格」，大約為 3,000 萬日圓。一般來說，建商不可能以成本價賣你，他們也要賺錢，也需要打廣告，因此會再額外加上「利潤」以及「管銷成本」，這些大概是佔房價的兩成左右。因此回推回去，建商推案時的「合理價」應該是 3,750 萬日圓（3000 萬÷80%=3,750 萬）。

建商會賠售嗎？

但如果剛好遇上了金融危機，建商自己也搞到負債累

累，急著出清手上餘屋，那建商想賣「合理價」3,750 萬日圓，可能就會非常困難。在這樣的市況下，你是很有可能談到以 3,200 萬成交的。甚至如果建商急了，若只剩沒幾間餘屋，建商也許還會賠售，趕快現金入袋為安。這時的「成交價」，就很有可能會遠低於「合理價」。

「是喔？建商賠售的情形曾經發生過嗎？」

這還真時有所聞。甚至也聽聞過有些建商搶土地時，不小心買太貴，又剛好遇到建築成本上揚，但如果將建商想要的那兩成利潤灌回去，將會偏離市場行情太多，最後導致蓋出來的房屋無利可圖，只好賠售。

建商開高價削凱子

換個情況，沒有發生金融危機。那假設剛才例子中的那一個地區，已經好幾十年都沒有新推案了，而許多在地人都想要買新成屋，那麼，這間「合理價」3,750 萬日圓的房屋，建商可能就會開價到 5,000 萬日圓，物以稀為貴嘛！

雖然「合理價」是 3,750 萬日圓，但由於剛好碰上利率

史上新低、貸款審核容易通過的時期，若加上當地居民的二代，剛好又有許多人成家立業需要添購新屋，想要買在周邊區域，或許「成交價」就可以落在 4,800 萬 ~5,000 萬日圓都沒問題，建商口袋賺飽飽。就有如之前篇章曾經講過，利率只要往下降個 1～2%，購買力就會往上衝個幾百萬日圓。而建商能賣你越高，他當然不會便宜賣你！

3,200 萬與 4,800 萬，合理嗎？

但你問我上述的 2 種「成交價」3,200 萬日圓與 4,800 日圓，這樣的價位合理嗎？當然，前者太便宜，後者太貴。買便宜了，你以後就有機會賺很大。買貴了，以後就沒有獲利空間，甚至可能會賠錢。

假設你是買到 4,800 萬日圓那個貴的價格的人，如果地區上一樣維持少少的供給量，十年才推一個新成屋，房貸利率也一直都維持低水位，那或許以後你要賠錢賣的機會也不大。但如果區域上的老房子全都開始重建、都更，又或者開始升息了，那麼很有可能就會因為供給量出來或者因為購買力減弱，會使得以後這一帶的新成屋價位逐漸修正成接近「合理價」的 3,750 萬日圓。一旦新成屋價下修，你的中古屋絕對賣不了什麼好價錢。

▍兩個區位兩間房，價格比一比

接下來，我們試著以「比價法」的角度，來比較兩個不同區域的房子分別應該多少錢才是合理價。這裡有兩間房子，條件如下：

> ・澀谷區 A 住宅區，
>   離車站七分鐘的一流建案，開價是一坪 850 萬日圓。
> ・新宿區 B 住宅區，
>   離車站十分鐘的二流建案，開價為一坪 420 萬日圓。

假設「澀谷區的 A 住宅區」與「新宿區的 B 住宅區」，房價的合理價價差大概就是 30%。也就是說，如果 A 區一坪賣 500 萬日圓，B 區一坪大概就是 350 萬日圓的意思。那麼：

①
當澀谷區 A 住宅區，離車站七分鐘的新成屋一坪賣 850 萬日圓時，則新宿區 B 住宅區，離車站七分鐘的新成屋一坪的「合理價」就會是 600 萬日圓。（依照上述條件，打七折。）

②

新宿區 B 住宅區，離車站七分鐘的新成屋如果一坪「合理價」
是 600 萬日圓時，新宿區 B 住宅區，離車站 10 分鐘的新成
屋一坪「合理價」，就應該是 564 萬日圓。（多走一分鐘，
房價少 2%，因此再打 94 折。）

③

澀谷那個案子是一流建商蓋的，新宿那個是二流建商蓋的，
品牌力的差距，應該再打個九折。因此新宿區 B 區住宅區，
離車站 10 分鐘的那個案子，合理價應該是 508 萬左右。（564
萬日圓打九折。）

　　經過上述的比價後，我們就知道：

　　如果 A 的開價為 850 萬，那麼 B 的合理價就應該是 508
萬。但實際上 B 卻只開了 420 萬。這就代表著，不是「A 賣
太貴」，就是「B 賣太便宜」（這不是廢話嗎）。

　　我們先假設 A、B 兩案的開價等於成交價好了。如果真
的是 A 賣太貴，那總有一天，A 的價格一定會修正回來。如
果是 B 賣太便宜，那總有一天 B 一定會漲上去。

　　如果真的是「A 賣太貴」，那很有可能是因為 A 地區目前有話題，有資金集中，因此可以導致他賣得比合理價高。

　　如果真的是「B 賣太便宜」，那很有可能是因為 B 地區目前沒什麼話題性，因此被低估。而且可能目前 B 區也沒太多外來資金進入，因此如果開合理價 508 萬，可能現在當地的居民還沒辦法接受這樣的價位。

　　「那…A、B 的價位，將來就一定有一方會修正，接近合理價嗎？」

　　其實這也不見得。有可能 A 區越來越發展，而 B 區越來越被人們遺忘，人口越來越減少。這樣就會導致現在不合理的「成交價」，在未來修正成了「合理價」。

買房投資移民日本，可行嗎？

　　似乎是受到上海封控的影響，自 2022 年初起，就經常聽到中國人逃離中國，潤（Run）到海外的相關新聞。尤其是日本，更因為日圓貶值、良好的社會環境，成為了這些想要逃離家園人士的上上之選。有許多（中國人開的？）房地產業者、行政書士業者，更是在 YouTube 以及推特上強打「買房移民日本」的廣告、影片。

　　那究竟「買房移民日本」，到底可不可行呢？這也是許多買日本房的朋友，最想知道的問題之一。我們這一篇就來看看，究竟要怎麼樣才能移居日本！

▎移居日本的簽證種類

　　想要在日本長期居住，就得取得合法的簽證。依照你來日本的目的，最常見的就屬技術・人文知識・國際業務、高

度專門職、法律‧會計業務、介護、特定技能 ... 等「工作簽證」。也就是說，只要你擁有一定的專業技能，也有日本的公司願意雇用你，你就可以來這裡當個上班族。

又或者也可以透過到日本留學、研修的方式，取得「留學簽證」。可以上語言學校（但最多兩年）、讀專門學校、或者讀大學，當個快樂的留學生。

赴日創業，則是可以申請「經營‧管理簽證」。如果你是外交官、大學教授、又或者是從事宗教、藝術類別的專業人士，也都有相對應的簽證。若你的資產高達 3,000 萬日圓以上（與購置房地產無關），亦可申請期間較長的「特定活動」簽證，但最長一年。

各種簽證的申請方式以及門檻，網路上也有許多懶人包，這裡就不再贅述。有興趣的朋友，也可以點進日本出入國在留管理廳的網站，查看在留資格一表。

●出入國在留管理廳，在留資格一覽表：
https://www.moj.go.jp/isa/applications/guide/qaq5.html

像這樣，日本的簽證種類繁多，唯獨就是沒有像歐洲部

份國家那種「只要買了多少錢以上的房地產或國債，就可以獲得居留權」的那種「黃金簽證」。換句話說，如果只是單純地買了一間價值數千萬、數億日圓的房產，是沒有辦法獲得日本居留權的。

買房投資移民這樣弄

那 ... 那些所謂「買房投資移民日本」的人，都是怎麼弄的呢？

其實說白了，就是在日本開一間公司，然後使用公司的名義購置投資用不動產。透過租金所得，「做」出營業額，然後申請者（投資者）再從公司領「薪水（也就是房租）」。再以這樣的方式包裝成「事業體」，進而申請「經營・管理簽證」，取得居留權。

「經營・管理」簽證原名為「投資・經營」簽證。顧名思義，就是為了來日本「投資」以及「經營」企業所設立的簽證。而這一種類的簽證於 2015 年 4 月 1 日之後改名為「經營・管理」，可見日本政府對於此種類的簽證，更重視企業本身的「經營」與「管理」。因此如果只是單純「投資」不

動產，基本上很難構成取得此種簽證的要件。

想要取得「經營・管理簽證」，需要滿足以下四點：

1. 必須擁有獨立的事務所（辦公室），不可設立在你家裡面（除非是獨棟透天，將其改造為兩個獨立的出入口）。不一定要購買，亦可租借。

2. 僱用兩名以上的員工或者資本額 500 萬日圓以上。（大部分都是選擇後者，比較容易）。500 萬日圓必須是能夠說明合法來源的資金，向朋友短期借入又歸還的，簽證不會批下來。而這 500 萬日圓的資本金是可以動用的，可用於公司營運時的一切費用，因此不是放在那裡的死錢。

3. 必須提出能夠說服出入國在留管理廳（入國管理局）的審核官員，證明你想創立的事業能夠安定經營的「事業計畫書」。這可聘請有經驗的行政書士協助撰寫。

4. 若你為事業管理者（社長），則必須要有從事 3 年以上事業經營管理的經驗，且領的薪資報酬必須是與日本人從事同一行業時，同等的薪酬條件（18 萬以上，但 25 萬較為保險）。

就因為申請的條件這麼嚴格，因此如果只是像前述那種「使用名義購買不動產，然後再做成薪資報酬」，基本上，這樣的事業計畫書絕對會被打回票（雖然看起來能夠安定運行）。

因此，「某些」又有不動產業務、又有行政書士業務的移民業者，就會推出「一條龍」的服務，幫客戶撰寫很漂亮的事業計畫書，幫客戶介紹購買不動產，幫客戶設立公司，然後幫客戶送件申請「經營・管理」簽證。這就是最常見的「買房投資移民日本」的做法！

▌經營管理簽證移民的風險

這樣的方法對或不對？好或不好？我不多加評論。但我要告訴你，如果要使用這種方式，會面臨下列幾種風險以及要注意的事項：

1. 滿足申辦的條件，並不代表簽證絕對會下來。（據說）入國管理局會刻意調控每年取得經營管理簽證的人數，因此有時候容易取得，有時候取得較為困難。而且我也曾經聽聞，就因為一點申請流程上的小瑕疵，入國管理局就認為你並不

是真的有心創業，而被打了回票的案件。

2. 除了你自己居住的地方以外，還需要另外租個辦公室。雖說現代科技發達，許多人只要有一隻 iPhone 就可以做事業，不用辦公室，也能辦公事。但入國管理局認為，如果你有心創業，就一定要有一個像樣的辦公室。裡面除了要有電話、電腦、傳真機、印表機、辦公桌椅以接待客戶的桌椅等辦公設備以外，它也必須是與你住家分開的一個空間。這些在申請時都必須附上詳細的照片、格局圖以及地址等，不可為虛擬辦公室，也不可為時下流行的共享辦公室。因此，你每個月還得多支付一筆 5 萬～ 20 萬日圓左右的辦公室租金。而且這必須是在你取得簽證前，就得先設立好公司並租下。

但矛盾的是，在你取得日本的簽證之前，就代表你在日本是不具備任何合法身份的，一般的房東並不會將房屋租給這樣的人。也因此，常常要到日本創業的人，會遇到這種鬼打牆的狀態，難以解決。到最後，只好請代辦業者幫你找物件。但 ... 代辦業者幫你找到的物件（或是說願意租給沒有身份的人的房東），它的房租會不會比較貴？簽約條件會不會比較差？地點會不會難以做生意？關於這點，我就不多加想像 ...。

3. 拿到「經營・管理」簽證之後，多半第一次給的簽證期限為一年，後續依照你的經營狀況，才有可能發給三年或者是五年的簽證。而如果你的事業規模一直沒什麼成長，大概就只能一年一簽。甚至如果你的事業狀況惡化，入國管理局認為你的事業並沒有可持續性，你簽證續簽（更新）很有可能就會過不了，這時無論你前期投資了多少錢，就只能打水漂，以「創業失敗」收場，包袱款款回台灣！也就是說，這個簽證並不是「一勞永逸」的。

▍取得永住權或歸化日本籍

「疑？我網路上查到說，我只要住滿十年就可以拿永住權（永久居留權）啊！」

是的。在日本住滿十年且符合一定的條件就有「資格」申請永住權。但要申請永久居留權的先決條件，就是你的簽證效期必須是「三年」以上。也就是說，如果你的事業沒什麼起色，每次都是一年一簽，那即便你沒被取消簽證，你也拿不到一次三年以上的簽證。換句話說，就是一年一簽的簽證，就算住在日本 30 年，你還是拿不到永住。

「不拿永住，我直接歸化，拿日本國籍呢？」

可以！只要你住滿五年，即便你拿的是一年簽證，仍然符合「申辦歸化」的條件。但「符合資格」跟「拿不拿得到國籍」是不同的兩碼子事。申請歸化時要提交的資料繁多，審核期間短則一年，長則兩、三年。而且基本上「歸化」就是要賦予你日本國籍，因此對於日本法務局（※ 註：永住為「入國管理局」辦理；歸化為「法務局」辦理。）而言，更是會「從嚴」審核你這個人是不是壞人、有沒有其他顛覆國家思想、有沒有能力自力更生、甚至日文太差也不行。而且，拿日本國籍，等於就得放棄原國的國籍喔！

▌小心你的代辦業者

一條龍的移民公司，雖然擁有房仲業的證照，但他們介紹給你的房屋，是否真的有投資價值？又還是只是他們低價買來，想要高價轉賣給你的物件，割你韭菜的？關於這一點，我也不多加猜測，畢竟這個世界上，良心房仲還是很多的。

此外，如果你在母國並沒有相關的經營管理經驗，但你的代辦公司卻幫你「美化」資歷，這是否會涉及「偽造文

書」？造假一旦被發覺，你在日本等於就是失去了信用、黑掉了。往後要申請永住或歸化，可能就難如登天。重者，還有可能導致簽證無法更新。

經營管理簽證移民的花費

如果你真的很愛日本、然後也很有錢、也符合資格，那麼若使用上述的方法，大概需要花多少錢呢？（※註：注意，這裡並不是說這方法可行，只是算給你看，做這件事情你需要花多少錢。）

1. 首先，你必須要有 25 萬日圓的薪資（25 萬以下可行性較低，所以使用 25 萬舉例）。25 萬日圓的薪資，就是會產生年金以及保險等費用約 7.4 萬日圓（每年會變動）。而由於日本的年金跟保險規定，公司與員工必須要折半支付，因此公司實際上雇用一個額面月薪 25 萬日圓的員工（也就是雇用你自己），所耗費的成本為 28.7 萬（25 萬 +3.7 萬），而你實際到手的薪水卻只有 21.3 萬（25 萬 -3.7 萬）。這當中的 7.4 萬差額，就是年金以及保險的費用，回不來的。公司一個月的薪資成本為 28.7 萬，一年就是約 345 萬日圓。

2. 每個月辦公室的租金，若為 7 萬日圓，一年就是 84

萬日圓。辦公室總是會有水電費、電話費或者網路費等基本的維持費用，我們就乾脆抓個年額 16 萬日圓，這裡湊個 100 萬日圓吧！

3. 稅理士（會計師）等報稅以及記帳的費用，根據你的帳款內容多寡，以及你所找的公司，價位會有所不同。一年大約 30 萬日圓～ 50 萬日圓不等。我們這裡取中位數 40 萬日圓。

4. 若公司沒什麼獲利，就不需要繳納法人稅（營利事業所得稅），但仍然會有地方政府的基本稅，約 8 萬日圓。

綜合上述的四項費用，光是成立一間公司，這一年的成本就高達近 500 萬日圓。也就是說，如果你的公司沒有其他的收入，只有不動產收租，那麼你的租金至少一年需要有 500 萬日圓以上。而且這 500 萬日圓還必須是已經扣掉不動產本身的固定資產稅、管理修繕費用、以及其他林林總總雜費後，要實拿 500 萬日圓才可以。因為你得實拿這麼多，才有足夠的錢去支付 1 ～ 4 項的那些費用。

就以目前投報率 5% 的物件來說，往往計算實際到手的淨投報後，大概都就只剩 3% 左右的投報率。也就是說，3%

的年投報，還必須要有 500 萬日圓，回推回去，就是你必須要購買總價約為 1 億 6 千多萬日圓的物件（3%÷500 萬）。

若是購買更高投報的物件呢？本金不就可以不用投下這麼多嗎？但你要知道，高投報同時也代表高風險。收租能不能穩定？隱藏費用會不會爆表？這就考驗著你的投資能力了。

▌投下這麼多，卻只能拿一點點

像是上述這樣，薪水做 25 萬，你真正能夠從公司拿到的錢，大概是多少呢？

額面薪資 25 萬日圓，扣除年金保險等，實際的到手的金額約為 21.3 萬日圓。這已經在上面 1. 的部分計算過。但要扣掉的錢，可不止這樣喔！

有「所得」就會有「所得稅」，你「住」在日本就會有「住民稅」。年收 300 萬日圓，計算控除後，所得稅一年大約為 5.6 萬日圓，而住民稅一年大概是 13.1 萬日圓，因此你一年還得吐回去 18.7 萬日圓。月薪實拿 21.3 萬日圓，年額就是 255.6

萬日圓。扣除吐回去的所得稅與住民稅 18.7 萬日圓，你一年其實只有拿到 236.9 萬日圓，平均一個月才 19.7 萬日圓。

對比於你那 1.6 億日圓的房地產，這個月薪簡直生活在貧困層啊。

「怎樣，我就有錢！我就是想潤來日本，過著包租公的爽日子。別說 1.6 億，兩、三億對我來說都是小數目。每個月 19.7 萬不夠花，我再多買幾間不就得了！」

嗯！每個人的能力不同、每個人也都有他想移民的理由。這也沒有可不可以的問題，本書在此就祝福考慮使用這種方式移民日本的讀者們，一帆風順、天天開心囉！

日本租屋，你的房租都去了哪裡？

上一個 Q&A，我們看到了富二代潤到日本，無視投報率過低，輕鬆使用不動產投資移民、爽當包租公的幸福人生。最後一個 Q&A，就寫給不是含著金湯匙出生，得靠自己工作打拼才能在日本落腳的人，看看你付出去的房租，都到哪裡去了。

如果你是要來日本當房東的人，也可以利用本篇了解一下，市場上有哪些人，會來分食你的投報率！

▎何謂初期費用

有在日本租屋過的朋友都知道，租屋時，要付出一筆高額的「初期費用」。若以一間 6 萬日圓的小套房來說，可能初期費用就要高達 25 ～ 26 萬日圓；若是一間 13 萬日圓的高級套房來說，初期費用就要高達 70 萬日圓。我以前在教

日文時，就常常跟學生開玩笑說，就是因為在日本租屋搬家這麼貴，所以日本人就算住到的房屋鬧鬼，也都選擇跟他「共生」下去，就像咒怨一樣（開玩笑）。

但其實你知道嗎？這些錢，很多都不是房東拿走，而是被仲介業者以及保險公司給拿走了。因此想來日本當包租公，並沒有想像中的這麼好賺。本篇，就以我們公司實際經手過的一個案例，來介紹一間月租13萬，室內為25 ㎡（約7.5坪）的房屋出租時的明細。

這間房屋成交時，由於是月中，因此剛好第一期的房租並不是給一個月，而是給半個月，因此如果是月初開始入住的話，費用會更高。接下來，就讓我們來細看契約金明細表，一起來抽絲剝繭，看看你繳的房租，到底都被誰賺走了。

契約金計算書（住居用）

	様

下記物件の契約金は、以下の通りになります。

			賃 料	¥119,000	①
物件名：	号室		管理費	¥11,000	

敷金・保証金	¥238,000	賃料の　2ヶ月分		②
礼　　金	¥119,000	賃料の　1ヶ月分		③
4 月分日割賃料 16 日分	¥63,466	¥119,000　÷　30 日 × 16 日		①
4 〃 管理費 16 日分	¥5,866	¥11,000　÷　30 日 × 16 日		
5 月 分 賃 料	¥0	4月末までにお支払いください		
5 〃 管理費	¥0			
保険料	¥13,810	2年契約		④
仲介手数料	¥128,520	（内消費税）¥9,520		⑤
保証会社	¥130,000	株式会社　　　　　（年間保証料13,000円）		⑥
0	¥0			
預かり金	¥0			
税込総合計	¥698,662			

※契約日時：　　　　　　　　　　　　　　時　　　分～
※契約場所：
※契約時必要書類

□個人	☑法人
□ 住民票（入居者全員分）	☑ 商業登記簿謄本
□ 免許証（コピーを取ります）	□ 会社届出印
□ 保険証	☑ 会社印鑑証明
□ 収入証明書	☑ 代表印
□ 認印	☑ 保証人印鑑証明
□ 保証人印鑑証明	☑ 保証人実印（事前・事後でも可）
□ 保証人実印（事前・事後でも可）	□ 会社案内（パンフレット）
□ 外国人登録済証（入居者全員分）	□ 直近決算書
□ パスポート	□ 納税証明書

▌第①筆：「房租（賃料）與管理費」

　　房租的總額 13 萬日圓當中，包含了 11 萬 9,000 日圓的租金，以及 1 萬 1,000 日圓的管理費。管理費需要由租客負擔。這一筆管理費並不是指外國人房東請代管公司收錢的「集金代行」，而是繳給大樓管委會的「大樓管理費」。這個案例從月中開始入住，因此這裡的房租與管理費都是以日數來計算，只收取半個月。

▌第②筆：「押金或保證金（敷金・保証金）」

　　「敷金」，就類似我們台灣講的「押金」。普通一點的套房，押金可能收你一個月的房租，若是新一點、高級一點的房屋，則可能收取兩個月的押金。當然，現在也有不少套房是免收押金的。

　　本例是收取兩個月的押金。押金並不是以月租金的總額 13 萬日圓計算，而是以租金 11.9 萬日圓的部分計算，不包含管理費。因此本例的押金為 11.9 萬日圓 ×2 個月＝ 23.8 萬日圓。當然，有些房東亦有可能會要求包含管理費全額的兩個月押金（13 萬日圓 ×2 個月＝ 26 萬日圓），因人而異。

　　押金為無利息壓在房東那裡的錢，等到退租時，房東會扣除室內的清潔費用以及原狀回復等費用之後，餘款才會退還給房客。雖然說這筆錢到最後會退回來，但由於房客退租時，必須承擔「原狀回復」的義務，也就是房東怎樣的屋況交給你，你就要怎樣的屋況還回去。因此如果你把房間搞得太糟、壁紙不是自然耗損變舊，而是你給人家弄髒的、又或者是浴室沒有清乾淨，導致發霉或者設備腐蝕掉 ... 等等，房東是有權利從你的押金中扣除的。很多外國人租屋時，把人家房屋狀況弄得很糟，到最後這筆押金都被扣光光，甚至還有被求償的情況。

　　當然，也有許多是遇到惡房東或不肖的管理公司業者，硬是找理由，將押金扣光光的案例。若不幸遇到，可洽詢所在處的行政機關。東京都，則是可以洽詢「東京都住宅政策本部」。此外，東京都有另外頒布「出租住宅紛爭防止條例（賃貸住宅紛争防止条例）」，可於簽約前，請房仲業者為你詳細說明。

▌第③筆：「禮金（礼金）」

　　這筆是我們台灣沒有的費用，是一筆「送給房東花」的

費用，用以感謝房東將房屋租給你。這筆錢是收不回來的。等到兩年合約到期，若你有意續租 （更新契約時），一樣要付一筆同額的「更新費」。一般禮金與更新費的行情是一個月的租金，有些狠一點的，給你收到兩個月（後面詳述）。

▌禮金被仲介業者坑走？

而這筆禮金，你以為房東真的拿得到嗎？有些拿得到，但是絕大部分，是「房仲業者」以「廣告費」的名義，向房東再收去。也就是房仲除了拿房客的「一個月仲介費」以外，還多拿了房東「一個月的廣告費」。

「疑？為什麼不直接用『仲介費』的名義跟房東拿呢？」
「房東不也應該要付仲介費給房仲嗎？」

是的。照理說，如果這個房東跟房客都是這個仲介的客人，這仲介理應可以拿雙方的仲介費。不過日本的宅建業法規定，租屋時，只能從兩方共收取一個月的租金當仲介費。也就是說，收費方式不是「房客 0.5 個月、房東 0.5 個月」，就是「房客 1 個月、房東不用付」或「房客不用付、房東 1 個月」。

但說實在的，日本的仲介業如果無法從雙方都收到各一個月的仲介費，其實經營會相當困難。日本的物價、店租成本高，人事成本也很高。因此只好以「廣告費」的名義來向房東收取（這樣是合法的）。所以大部分的情況，就是房東收到禮金後，直接將這筆禮金轉作廣告費給房仲公司。如果你在路邊的仲介店，看到免仲介費的物件，它就很有可能是「房客不用付、房東 1 個月」，然後仲介再向房東收取一個月的廣告費的情況（也就是房東繳出 2 個月的仲介費）。

來，上述提到，有一些狠一點的房東，會收取兩個月禮金的。

「疑？我如果是消費者，我幹嘛跟他租啊？」

其實日本有些弱勢族群，如果不多付一些禮金，很難租到房子。像是生活補助者、外國人、又或者特種行業 ... 等。這時，有時候仲介公司就會跟屋主串通（或者瞞著屋主），跟這些相對弱勢的租屋者收取兩個月的「禮金」，然後全部轉做自己的「廣告費」。一來，租客本身條件不良，別無選擇。二來，反正房東也沒損失。說穿了，就是人窮弱勢就被人欺！而且如果這房客是「生活保護者（領補助金過活的人）」，這筆兩個月的禮金，甚至可以跟區公所市公所請款，叫國家

付錢呢！

「那 ... 房東能不能拒付『廣告費』給房仲，把這筆禮金留給自己花呢？」

當然可以！不過，仲介如果做你這種沒廣告費的出租案，錢只能拿一半，你覺得他，會認真帶客人去看你的物件嗎？他當然是加強火力，介紹可以拿廣告費的案件給客人囉。除非你的房子很棒、地點絕佳，隨便租都租得掉。不然與其拖很長的空屋期讓房子空在那裡慢慢租，倒不如就甘願一點給廣告費，快快租掉，皆大歡喜！

▌第④筆：「保險費（保險料）」

如果房子失火或者漏水，有損鄰之類的情況發生，就會由保險公司代為賠償。而因為上述也有提及，房客退租時，有「原狀回復」的義務，因此如果發生火災，房客可能就會「賠不完兜著走」，因此往往租屋時，都會花個小錢來保安心。屆時如果真的發生災害，房客也有所保障。

▌第⑤筆：「仲介費（仲介手数料）」

剛剛也有提及，仲介可以向租客收取一個月（不包含管理費）的房租當作仲介費。而仲介費依法要課徵消費稅，因此還要加上 10% 的稅金（※ 註：此例交易當時，消費稅率為 8%），所以金額才會是 128,520。

▌第⑥筆：「保證公司（保証会社）」

保證公司的費用，在台灣並不常見。但在日本，幾乎所有的房東都會要求租客加入這種保證公司，保證費用也是由租客支付。

「保證什麼呢？」

保證如果房客不繳房租，保證公司會先代為支付房租給房東，事後再向租客求償（是的，你欠房租，到最後還是得還）。討債，就交給這些「專業」的人士處理。

由於日本獨特的借地借家法很保障租客，如果租客只是欠繳個幾個月的房租，而事後也表明「有繳房租的意願，只

是沒錢」，每個月都給你匯個大概五～六成的房租，證明自己有繳房租的意願，你就趕不走房客。遇到這種租客，房東其實勞心又勞力，除了租金難以回收，虧錢虧很大以外，稅金與大樓的管理費還是得照繳。因此為了減少遇到這樣的情況，「保證公司」的服務應運而生。

有些保證公司的附帶服務還不錯。例如房客繳房租，原本每個月都必須親自去 ATM 轉帳或用手機 APP 轉帳，但現在有些保證公司，會提供直接從房客的銀行帳戶每個月定期扣款，再匯到房東的指定戶頭的服務。這樣租客也不用擔心不小心忘記繳房租，非常方便。因此絕大部分的房東，都會要求房客一定要加入保證公司，因此你租屋時，要去找到不需要加入保證公司的房屋，其實也不容易。

正因為租屋，所要花費的初期費用很高，所以日本才會有許多經濟弱勢者因為付不起這筆初期費用，只好淪落為網咖難民 ...。

附錄

app.

移民日本開公司的 20 個小問答

　　疫情爆發前，台灣的商業周刊曾經做過專題報導，內容提到日本企業大搶台灣人才，使得近年來赴日拿工作簽證者人數飆升了6.7倍。之前我在日本所經營不動產公司，也時不時就遇到赴日工作，委託我們找尋房屋的客戶。有些人是租，經濟條件好一點的人，則是直接購買房屋。這些人，除了留學生以外，也有許多是 IT 工程師、經理人、創業者…等高端人才。在好奇心的驅使下，我問了他們，將來有沒有打算就這樣留在日本生根呢？有很多人的答案都是肯定的。

　　這些想要移民到日本來的朋友，有許多是認為台灣經濟停滯不前、賺不到錢，且房價居高不下。再加上某鄰國大國，動不動就對台灣文攻武嚇，這種種因素也讓時下的年輕人對於自己的未來感到無力，想說換個國家試試，或許會有不同的人生境遇。

　　但要離開自己的家鄉，到別人的地盤去生活，畢竟不是那麼容易。必須放棄自己熟悉的環境，之前在台灣所累積下來的生活基盤都必須全部重新來過。但，如果你有想法、有能力、有資金，再加上一點點踏出去的勇氣，「離開」又何嘗不是一種選擇？

　　相信購買這兩本《日本買房關鍵字》與《日本買方大哉問》的讀者，應該有為數不少，是想要到日本添購自住屋，並有移居想法的人。這本書的最後，我就利用附錄的篇幅，來稍微談一下我個人移民日本的一些經驗談，來與各位讀者分享。

問 01：移民日本，將來要取得「日本國籍」還是「永住權」？

　　想在日本長期穩定發展，最終有兩種方式。一為取得日本國籍，也就是「歸化」，一為申請「永住權」。前者只要在日本住滿五年即可申請，後者則必須住滿十年（兩者皆必須要有一定的工

作年限）。但由於日本的法律不容許雙重國籍，因此在你取得日本國籍前，就必須放棄你原本的國籍。而永住權就只是永久居留權而已，並無伴隨著取得日本國籍，因此仍然擁有原本的國籍。

歸化日本國籍，你就是日本人，擁有跟日本公民一樣的權利，既可以去投票選舉，也可以參選當候選人。2020 年武漢肺炎疫情剛剛爆發初期，當初的入國限制就只讓日本本國籍的人可以入境日本，因此如果你只是個擁有日本永住權的外國人，還是會被拒於門外。

一樣是在疫情期間，如果你只是取得日本的永住權，仍然保有台灣國籍，那麼即便你人在日本，但只要你想回台灣，只要符合相關的檢疫規定，隨時都回得來。但如果你已經取得了日本國籍，喪失了台灣國籍，你就暫時回不了台灣。許多取得日本國籍的台灣人，於 2020 ～ 2021 年這段期間，即便想要回台灣也回不去。因此國籍或者是永住權，兩者各有利弊。哪個比較好？就要看個人衡量了。

問 02：移民日本，「工作簽證」還是「經營管理簽證」比較好？

若你將來打算在日本落地生根，那不外乎就是找份安安穩穩的工作，申請「工作簽證」，又或者是自己創業開公司，申請「經營管理簽證」兩種。等到時機成熟，再依自己的狀況與需求，考慮申辦歸化或永住。只不過，如果一直是留學生的身份，無論待得再久，上述兩者皆無法申請。也就是說，最終還是得看你有沒有辦法在日本養活自己。

找工作還是創業，想法因人而異，沒有絕對的好壞。基本上，只要你學歷以及日文能力等足夠，並且有公司願意雇用你，要一次

拿三年、五年的工作簽證並不是很困難。但由於入國管理局認為創業當老闆的風險比較高，因此除非你是大企業來開日本分公司的，不然一般申請經營管理簽證，一開始入國管理局都只會發予一年簽證，然後必須每年更新。直到入國管理局認為你的事業經營穩定，有一定的規模後，才會發予三年或五年的簽證。但即使拿到了三年或五年的簽證，下次更新簽證時，只要入國管理局認為你的事業岌岌可危，也是有可能會被拒絕更新簽證或者又降回一年的簽證。因此到日本創業，進而落地生根的難度將會比單純找一份工作困難。

問 03：日本創業容易嗎？

來到日本，你的人生就會是彩色的嗎？這倒也不。到日本創業開公司，拿經營管理簽證的門檻並不高，只需要 500 萬日圓的資本金就具有申辦資格。但開公司，並不代表你開了就會成功。你要面臨的挑戰是日本這個市場，可能甚至比在台灣創業還嚴峻。或許同樣的努力，同樣的模式，在台灣能成功，但到日本可能因為民族性的不同以及強大的競爭力，而導致失敗也不一定。除此以外，我們外國人還有先天上的劣勢：語言不如本國人。而且日本人本來就比較排外，要能跟他們平起平坐做生意，沒有兩三把刷子還真的不容易。況且，日本的稅金以及年金保險、辦公室的租金以及人力成本等費用都比台灣開公司要高出許多，這些都是壓縮老闆獲利空間的因素。

在日本開公司容易，但穩定經營下去可就不容易了。就有調查指出，日本的創業成功率僅 6%，亦有另一種說法說，創業後第一年公司的存活率大約是 50%，第三年則是 30%，過了 5 年後還存在的公司就只剩 15% 了。十年後剩 5%，能夠撐到第 20 年的只有 0.3%，創業後第三十年還沒消失的公司，就只剩 0.02%。可見在日本創業要成功，並不是一件簡單的事。雖說如此，但在日本，

其實機會也很多。這個市場有足夠的內需支撐，還有許多你只要願意花錢就可以取得的服務，只要你的想法可行、努力做，有辦法找到利基（隙縫）市場，想要在日本發大財並不只是口號。最主要的還是公司的營運模式是否可以長久、事業計畫是否夠縝密、錢是否夠燒…。

有些生意很明顯就只是一時的熱潮而已，等到狂潮一過，可能這樣的模式就做不下去，只是搶一波時機財而已。就拿日本買房來說，當初 2014 ～ 2015 年時，正巧碰上台灣房市反轉，日圓利率變低，因此就引發了一股台灣人投資日本房產的熱潮。當時，就有許多專門賣日本房給台灣人的仲介公司如雨後春筍般地冒出。有些是台灣的房仲來東京開業，轉戰海外房產，有些是當地不動產公司聘請了幾個台灣員工，做起台灣人的生意。甚至有些只是掮客，連個證照都沒有，就在網路上設立粉絲頁，路邊隨便拉客人買房。當然，這些人短期內都賺了一些錢，但畢竟那樣的狂潮，也只是天時地利人和下，所引發的一波置產潮而已，餅並不會越來越大。因此過沒兩年，這些業者收的收，跑的跑。到現在還存留在市場上的，就剩那些較優秀的業者。他們找到了自己穩定經營、持續獲利的模式，存活了下來。

此外，像是 2017 ～ 2019 年間日本很火紅的珍珠奶茶風潮也是一個很好的例子。早期一間接著一間開，無論連鎖店，還是個體戶，只要租到店面，就可以賺到一波。但疫情過後，這些東京街頭的珍奶店，倒的倒，收的收，就有如當初台灣的蛋塔風潮一般。因此盲目的跟風，雖然可以賺到時機財，但如果你的目的是取得永住權或者是日本國籍，可能就得找到其他更加穩定、持久的經營模式了。

問 04：外國人如何在日本設立公司？

外國人要在日本開公司，在法律上很容易。只要一人，只要資本金1元，就可以設立股份有限公司（株式会社）。但「法律上」容易，並不代表「實務上」容易。設立公司時，你至少必須要有「銀行帳戶」以及「公司設立地點」，因為你必須要有一個可以存放資本金的賬戶以及辦公的地址。如果你是在日本留學，或已經在日本工作，基本上這兩點應該不會有什麼問題。留學生本來就可以開戶，而且公司設立地點要在你所租的房子也可以。但如果你是一個住在海外的外國人，想要在日本設立公司，就會陷入一個無限循環邏輯悖論的迴圈裡。

首先，你必須要有工作簽證或者是投資經營簽證，才能去租房子或者銀行開戶。因為現在有洗錢防制法，因此如果你是一個沒有任何身份的外國人，根本沒辦法在日本開戶。而沒有身份的人，在日本也沒有辦法租到房子。但你沒有帳戶又沒有住址，就無法設立公司。不先設立公司，就無法申請到投資經營簽證。對！這就是制度上奇怪的地方。也因此，大部分想要空降來日本創業的人，多半還是得透過專門開公司以及辦簽證的行政書士事務所的幫忙，才有辦法順利解決上述的問題。

問 05：銀行帳戶與租屋問題如何解決？

銀行帳戶以及租屋的問題，實務上最常見的做法，就是找一名日本人，或者已經在日本有身份的人，請他和你一起掛名當公司的董事，用他的名義來開戶，租辦公室。一旦等到你的經營管理簽證下來後，再請他辭去董事即可。說明白了，就是找個人頭來幫你。但要找到一個外人來自己的公司掛名董事，總是有些風險，而且也必須對方願意配合。

　　若到最後評估這樣的方式不可行，也可以試著找找房東是外國人的房子。因為前一陣子的台灣人買東京屋風潮，其實都內要找到外國人屋主的房子，還是有機會的。而且台灣人也比較不會像日本人那種觀念，不願意租給沒身份的外國人。不過能否接觸到這樣的房東，就得仰賴你的不動產公司業務人員了。但即便找到台灣人房東，他也多半很清楚沒有任何身份的你，租屋不易，因此我也曾「耳聞」許多這樣的情況，就是房東獅子大開口，收取的租金比市價高出了好幾成 ...。

　　至於銀行帳戶問題，就真的難以解決了。因此空降部隊想要來日本創業，最好還是可以找個專業的行政書士來協助辦理創業以及拿簽證的業務。花點小錢，也可以省去許多不必要的煩惱！

問 06：開了公司就一定拿得到經營管理簽證嗎？

　　很多人都以為開了公司，就一定可以拿到經營管理簽證，但其實「開公司」與「拿簽證」是兩碼子事，設立了公司，也不見得就一定可以拿到經營管理簽證。但若沒先設立公司，就連簽證都沒辦法申辦。上述提到，開公司很容易，門檻也很低。但如果你開的公司，目的是要拿經營管理簽證的，必須還要符合下列幾項要件：①兩名以上的員工、②資本金 500 萬日圓以上、③獨立事務所。

　　在日本，只要老闆自己一人、資本金 1 元、自己的住家地址，就可以登記公司創業。對，這是對於一般的日本人，或者已經擁有永住權的人而言的條件。有些嫁來日本的太太，由於已經拿到日本國籍，或者本身有配偶簽證，他們開公司就是為了賺錢，並不需要拿經營管理簽證，在那樣的情況下，的確只要老闆自己一人、資本金 1 元、自己的住家地址就可以順利開業。但如果你今天需要經營

管理簽證，條件就會變得更嚴格。

第一點，需要兩名以上的員工。而這些員工必須是日本人、日本人配偶者或者是永住者、定住者等，必須要創造出雇用，日本政府才會認為這對於日本經濟有正面上的幫助，才願意發給經營管理簽證。若無法達到這一點，則必須要達到下面第二點。

第二點，事業也必須要有一定的規模，因此要求資本金要 500 萬日圓以上（可運用於事業上的營運）。而且這資本金你必須要有辦法證明資金的來源。父母贈與的、自己工作存來的，都可以。但不能只是借來放在帳戶給入國管理局檢查完就還回去的，這樣簽證肯定下不來，而且還有可能觸犯「公正証書原本不實記載等罪」，可說是得不償失。

第三點，想要辦理經營管理簽證，你的事務所或者店舖，必須跟你的住家分開，而且必要要有招牌，或在大樓的門牌上掛有公司的名稱。這可不是你隨便去租一間套房，掛上公司名稱就可以。日本的居住大樓有所謂的管理規約，有些大樓的規約明文規定不能做為事物所使用，租這樣的套房，可能合約上也會特別載明不能當作辦公室或者營業用。像這樣的物件，拿來登記公司，送入入國管理局後被打回票的機率會非常高。此外，最近很興盛的虛擬辦公室也很多，租個地址的虛擬辦公室，簽證是下不來的，要特別注意。不過如果你家的房屋是獨棟透天，則是可以做成兩個獨立的出入口，讓住家與公司分開。又或者是一樓當作公司，二樓當作是住家亦可。

如果你打算開店，像是做料理店或者是按摩店等，甚至還要先將店面裝潢好。該有的桌椅、廚房，該有的按摩床等，都要先準備好，而如果老闆自己不是廚師或者按摩師，還得先要聘請到這樣

的員工，也就是確保好人才，才可以去申請經營管理簽證。

問 07：沒拿到簽證前，可以開始營業嗎？

要先設立公司，才能申請經營管理簽證。也就是說，在你還不知道能不能順利取得簽證的前提下，你就必須要先掏出一大筆錢，設立公司、租借辦公室、存入資本金。而設立公司時的一些林林總總的費用大概也要數十萬日圓，租一間辦公室，首月房租、禮金、押金、再加上仲介費，少說也要個 40 ～ 50 萬日圓。而如果弄到最後的結果是簽證沒有核准下來，上述的錢就等於是打水漂，有去無回。

等待簽證批准下來，有時候快的三個月，慢的則是半年以上的都有。這些等待的漫漫歲月，租金都要照付，也就是會一直燒錢。而且，沒有簽證就不能開始從事你的事業，當然也不能去找個打工之類的。如果你在還沒拿到簽證就開始做生意或去打工，就會觸犯入國管理法，情節嚴重者，甚至還有可能會直接被驅逐出境…。所以對一個外國人而言，初期的投資額將會相當可觀。

我曾經認識一個人，由於他家境清寒，因此當他還是留學生時，就想方設法到處去打工賺錢。當時，因為日本觀光客人數暴增，加上 Airbnb 等共享經濟火紅，因此他就去租了棟房子來轉做民泊。但照理說，拿留學簽證是不能做這種經營管理的事業，頂多就只能去打工。但他就是運氣非常好，沒被抓。一直做到他語言學校畢業，留學簽證到期。

由於他的民泊經營地有聲有色，因此他就興起了將留學簽證轉簽為投資經營簽證的念頭，想說這樣就可以繼續他的民宿生意。但由於他的資本金 500 萬是借來的，事業計畫書又不夠縝密，因此

很不幸地，經營管理簽證並沒有核發下來。

　　雖然他在等待簽證批下來的這段期間還是持續經營著他的民泊，也曾經多次出境後，又以觀光簽證 90 天免簽的方式入境，但這畢竟不是長久之計。他到最後也只能乖乖地找一家公司任職，拿到工作簽證。跟老闆商量後，老闆也願意讓他在不影響正職的情形之下繼續做民宿，事情才告一段落。

　　但，很多事情並不是當下沒問題，往後就會一直沒問題。在他進入公司正職工作後的第二年，也就是開始做民宿後的第三年，國稅局就打電話來了。因為他當初設立的公司，有了稅籍資料，雖然他沒有拿到投資經營簽證，但公司有持續營運的事實，因此國稅局就來電警告，說他從來沒有年度決算以及報稅。這時他有兩條路：一條就是告訴國稅局說公司沒有營運，然後將公司結束掉。另一條則是乖乖補稅。而因為他公司帳戶最後並沒開戶成功，因此民泊的收入都是進他個人的帳戶，因此可以硬凹成這是他個人的所得。不過這樣仍然會產生個人所得稅的問題，早晚還是有可能被抓包。

　　此外，將來一旦被入國管理局知道了他在留學期間以及觀光簽證入境期間還經營民泊，他很有可能會因為觸犯了入國管理法而惹禍上身。在沒有簽證（僅有 90 天短期簽證）的情況下，來日本就只能從事商談、契約、業務連絡或者開會等事，不可從事經營管理的事宜。這最嚴重會被取消簽證直接驅逐出境。也因此，他到最後就只能找個稅理士，幫他補申告這三年來的決算書，而且因為經營民泊時，他並沒有簽證，因此名義上他並不能從公司支薪，也就是公司的利潤並無法控除薪資報酬。這也導致到最後補稅加上罰款，就高達 200 多萬日圓，一下大噴血。可真是一步錯，步步錯啊！

問 08：離開舒適圈的代價是什麼？

　　要離開自己熟悉的舒適圈，到陌生的國度過生活，還要與親朋好友 say goodbye，聽起來需要很大的決心。但其實現代科技發達，人與人之間的聯繫，還是可以透過社群網路保持緊密聯絡。雖說疫情爆發前，廉價航空盛行，班機往來密切，如果真要從日本回台北，根本就是早上從日本出發，晚上就可以跟朋友約在台北聚餐了。但自從疫情發生以後，連續兩、三年的國境封鎖，也讓國與國之間的往來變得非常地困難。甚至疫情初期時，還發生過因為父母病危，但返國後必須隔離 14 天，而最終沒有見到親人最後一面的憾事。不過隨著後疫情時代的逐步解封，相信國與國之間的往來，再過不久應該會回復到以前的狀態。

　　對我而言，從台北搬到東京，就跟從台北搬到高雄的感覺差沒有多少。也就是國內城市間移動的感覺而已。更何況通訊軟體發達，使用 Line 打電話聯繫，根本不用錢。我現在還是常常跟我住屏東的母親每次電話聊天長達一個小時以上，甚至比起其他住在隔壁鎮，但卻鮮少聯繫的親人更來得緊密。而且其實也不需要把出國發展看作是一件很嚴重的事，失敗了，或者不喜歡這個環境，拍拍屁股走人就好。雖然說會損失一些金錢，但只要是創業都會有這樣的風險。在台灣創業，仍然是有可能賠個數百萬元。

問 09：可以把家人一起帶去嗎？

　　如果你已結婚生子，然後在日本取得了經營管理簽證，其實也是可以將妻小一併帶來日本，幫她們取得「家族滯在簽證」。不過並不是說，你取得了經營管理簽證，你老婆與兒女的「家族滯在簽證」就一定會核准。除了要能夠證明你們夫妻之間確有婚姻之實外，入國管理局還會評估你是否在日本養得起你的妻小，也就是

說，你要證明你有錢可以養活他們，簽證才會批得下來。而且原則上，你的小孩必須是未成年而且未婚的情況，才能來日本讓你「扶養」。除非你能具體提供證明，說服入國管理局，為何你的成年子女還得需要你養的正當理由。

至於雙親，原則上是無法取得「家族滯在簽證」，除非有什麼特殊原因，你有辦法可以說服入國管理局，不然基本上就只能以 90 天的短期觀光簽證入境。

問 10：太久沒回國，會被除籍？

前一陣子，曾經爆發過這樣的一則新聞。就是因為疫情，導致許多旅居在海外的國人，超過兩年沒有回國，而戶籍被會自動除籍的新聞。

關於除籍，我也是因為太久沒回台灣而經歷過。要請各位放心的是，你被除掉的是「戶籍」，而不是「國籍」。你只是沒了在台灣的「戶籍」而已，「國籍」還是會存在的。

我媽接到戶政機關寄來的除籍通知書時，也嚇了一大跳，想說兒子到底發生了什麼事，怎麼就被台灣的戶政機關除籍了呢？其實並不用太緊張，因為「除籍」，只是戶政機關按照戶籍法，在你出境兩年內，都沒再回國時，就會將你的戶籍逕自遷出而已。這就只是從台灣的「居住者」變成「非居住者」而已。等到你回台灣後，再回去公所辦理遷入戶籍即可。

「但除籍會影響什麼事呢？」

如果你在台灣還有其他的所得，例如房租收入、銀行利息收

入、股息股利、或其他業務收入的話，所得稅的課稅就會被依「非居住者」的規定來課稅。一般我們在台灣領薪水時，會由公司先代扣一部分的所得稅，大概就是 5% 左右，剩下的才匯入我們的薪資帳戶。等到報稅季節時，我們再去申告自己的所得，依自己的所得計算稅率，再多退少補去繳稅或者申請退稅。但如果你是「非居住者」，你的股利就會被扣掉 30% 的所得稅，佣金、利息、或其他執行業務的所得等，就會被扣掉 20% 的所得稅。如果還有任職其他台灣公司職務，薪資則會被扣掉 18% 的預扣所得稅。而且居住者在所得稅的計算方式還有免稅額以及扣除額的部分，但非居住者「沒有」！所以除籍後，如果在台灣還有其他所得的話，光是這些稅金就會非常不划算。

除了稅金問題外，除籍後，你也會喪失戶籍地的投票權。如果你想要投下神聖的一票給你心中支持的候選人，恐怕就得先恢復戶籍過了一定時間後，才可以投票了。

問 11：在台灣申辦簽證？還是去了日本後再辦簽證？

決定搬去日本後，我應該先申辦經營管理簽證再去，還是去了之後再辦簽證呢？

其實都可以。我們台灣到日本有 90 天的免簽期間，你可以利用這 90 天，到日本去設立公司，租房子，辦手續…等，然後公司開了後，直接在日本國內申辦經營管理簽證，這是最好的。當然，如果你是請專門的行政書士代辦，這些順序也可以委請他們送件，然後在台灣用書信文件往來，等簽證下來再去日本。屆時入國管理局會發一張在留資格認定證明書，再持那張入境日本，即可獲得在留卡（居留證）。

問 12：先留學再創業，會比較順利嗎？

也有些人因為擔心自己的日語能力不足，因此先是透過語言學校拿留學簽證，進修個半年、一年後，直接使用留學簽證轉簽經營管理簽證也可以。這樣的方式可能會是最順利的，因為留學簽證不難拿，而拿到了留學簽證，有了身份後，要在銀行開戶、要租房子、要辦手機就都很容易了。所有上述鬼打牆、無限循環邏輯悖論的迴圈的問題都會迎刃而解。況且先拿到長期留學簽證，也可以一邊增強自己的語言能力，一邊慢慢地找尋物件、計畫事業。也可以利用這一年半載的時間好好了解一下自己欲從事行業在日本的情況。就讀語言學校半年的費用大概也是 30 ～ 50 萬日圓左右而已，算是一筆還可以投資自己的費用。

問 13：先買房還是先租房？

我們台灣人的觀念就是租不如買，有能力就要置產買房。沒錯！日本的房租高昂，房價又不比台灣貴，如果真有打算長住，買屋或許會是個相對划算的選擇。況且，事業草創之初，能夠節省經費就應該節省。房租絕對是佔公司營運固定費用很大筆的一部分。只不過由於日本之前長期處於通貨緊縮的經濟情勢，再加上泡沫破裂後，房價連跌 20 多年，導致許多日本人還是寧租不買。

就有如前述，如果你沒有身份，要在日本租房是一件不容易的事。因此如果你的資金足夠，不妨考慮購買自住屋。而如果你是買公寓大廈型的產品，則必須就另外購買或租借可以當作是辦公室的單位，住辦分離，才可以申辦經營管理簽證。當然，不需要兩間同時期買，可以先買自住屋，然後公司設立時先登記在自己的住家，等到公司設立完成，找到合適辦公室時，再進行公司遷移即可。但就是需要花一筆幾萬塊的印花稅，而且多一道程序，比較麻煩。

但如果你購買或租借的是獨棟透天產品，基本上可以讓公司設在一樓、住家設在二樓。讓辦公室跟住宅有很明確的界線。這樣就符合了申辦經營管理簽證的要件。

問 14：辦公室用租的還是用買的比較好？

至於辦公室應該要用租的還是用買的，其實可以先從你事業的觀點來思考。先講辦公室好了。如果辦公室是用租的，這些租金都可以當成是你公司的營運經費來扣除。如果你賺太多的話，是會有節稅的功能。而如果辦公室是買來的話，建物部分也可以每年計算攤提折舊（減價償却）。

在日本，RC 造的大樓在會計上的耐用年限是 47 年。假設你買一間 3,000 萬日圓的十年屋齡中古辦公室，它的建物部分為價位為 1,500 萬日圓，這 1500 年，就會依照它剩餘的 37 年，依照定額法的方式來計算攤提折舊，每年作為費用扣除（計算方式較為複雜，請詢問您的稅理士）。也就是買來的房子，每年也有一定的節稅空間。但要注意的是，如果過了十年，你將這個辦公室賣掉，由於建物部分已經攤提折舊很多了，因此一旦賣掉，你賣掉建物部分的金額為 2,000 萬，那麼在稅金上的計算，你公司這筆不動產的買賣獲利，可不是賣價的 2,000 萬減去買進當時的 1,500 萬＝ 500 萬，而是賣價的 2000 萬減去建物折舊十年後的殘值（可能 1,000 萬不到）。這樣你賣房子的獲利，在國稅局的認定下就會一下子會增加很多。如果售屋時的事業年度，你並沒有太多經費可以扣抵的話，那麼期末決算帳面上的獲利將會相當可觀，到時法人稅等稅金，可就繳到你不要不要的了！

問 15：自己要住的房屋，用公司名義租，還可以節稅？

關於住家部分，你自己買，自己住，這可是跟公司一點關係都沒有。但如果你使用公司的名義來租自住屋，再將這個自住屋以公司的名義轉租給你，那麼，就可將這房子視為是「社宅」，用很低廉的金額租給自己，而租金的價差部分全部由公司負擔，也等於是可以替公司達到節稅的目的。

日本的國稅廳有明文訂定關於「役員社宅」的法規。所謂的「役員」，指的就是公司的「董事」。如果董事是租「小規模住宅」，也就是 99 ㎡（約 29.94 坪）以內的房，則董事或社長向公司轉租來的房子，則可以用很便宜的價位租進來。可以多便宜呢？計算方式就是將下列（1）～（3）加總起來，就是社長的轉租價：

（1）建物部分的「固定資產稅的課稅標準額」×0.2%
（2）土地部分的「固定資產稅的課稅標準額」×0.22%
（3）12 日圓 ×（室內總坪數，以坪計算）

舉個例子來計算一下：假設一間月租 50 萬日圓的房屋，其固定資產稅課稅標準額，土地部分為 1,500 萬日圓、建物為 1,300 萬日圓，此為 25 坪房，則可得到社長轉租價為：

（1）1500 萬 ×0.22% ＝ 3 萬 3,000 日圓
（2）1300 萬 ×0.2% ＝ 2 萬 6,000 日圓
（3）12×25 坪＝ 300 日圓
（1）＋（2）＋（3）＝ 5 萬 9,300 日圓

也就是，老闆可以向自己的公司，以每個月 59,300 的超低價轉租這間市價租金 50 萬的房。而公司付給房東的房租 44 萬左右的差額，在會計上，都可以算在公司的經費。比起原本每個月要多繳 50 萬的稅，一下降到 6 萬有找。當然前提是你的公司要有賺錢，

有能力幫你付這筆租金才可以。

若是公司賺很多錢，老闆想要更奢侈一點，想租超過 99 ㎡（約 29.94 坪）的「非小規模住宅」呢？稅制上就沒這麼好康了。這時公司轉租給老闆的房租，計算方式就會變成：

（1）房屋及土地的「固定資產稅的課稅評價額」×12%，或者是
（2）公司向房東租的租金的一半，兩者取其高者，就是轉租給社長的價錢。

問 16：設立公司有什麼步驟？

設立公司，大致上可以分成三個步驟：一、首先是撰寫公司章程（定款）。二、再來就是匯入資本金。三、最後則是到法務局去做登記。

公司章程就有如公司的身分證，裡面詳細記載了公司名稱、地址、資本金、董事（取締役）、事業目的、決算時期…等資訊。公司名稱一定要在最前方或最後方加上「株式会社」（股份有限公司）的字眼，也就是說，公司名稱一定是「○○○株式会社」或是「株式会社○○○」。在此給大家一個建議，公司名稱不要太長。創業後，會有很多機會需要寫到公司名稱，我就是因為取了太長的名字，每次都寫到手快斷掉。公司章程寫完後必須拿去公證人（公証役場）那裡公證。

另外，關於地址，前述也有提及。如果要拿經營管理簽證，地址一定要跟住家不同。但因為實際運作上，可能公司還沒成立前，要用公司的名字租辦公室也不容易，因此可以先設在自家或朋友家，設立完成後，再慢慢找理想的辦公室，辦簽證前再去法務局

做變更遷移即可。同一行政區內的移動大概是 3 萬日圓，跨區移動大概是 6 萬日圓的變更登記費用。

另外，關於資本額，這就得要一次到位 500 萬日圓。原則上這筆錢要匯入發起人的個人帳戶（因為公司還沒設立，也沒有公司帳戶）。匯入完畢後，必須把匯款證明以及帳戶內頁影印下來作為證據，日後要提出法務局。但要注意的是，必須在公司章程完成後才可以匯入，不然無效。沒有個人帳戶的，這時就會卡住。就必須像我上述提到的，找個日本人來當合作夥伴，或者是先來留學開帳戶（或找代辦）。

「那如果我本身日本的帳戶裡面已經有 500 萬日圓以上的錢，還需要匯入嗎？」

需要。或者你也可以把 500 萬領出來再存進去，反正就必須要留下紀錄就對了。另外，這 500 萬日圓的資本金，在申請簽證前，其實就可以動用了。開公司，總需要購買設備，付租金對吧。

都完成後，最後一步驟，就是將公司章程（定款）與資本金匯入證明書，連同登記申請書一起拿去所在地管轄的法務局做登記申請。登記大約需要耗時一星期。而基本上，公司設立日期就是登記日，因此要挑日子的朋友可以注意一下。

若你覺得自己設立公司很麻煩，也可以委託行政書士辦理，但必須要小心慎選業者。有些專宰外國人的黑心業者，自己本身並沒有行政書士的資格，他們除了騙騙你的代辦費以外，還經常非法仲介你購買一些條件不好的房地產。尤其是台灣人騙台灣人的情況，更是屢見不鮮，因此一定要慎選合法、有信譽的業者。

問 17：和朋友一同創業，兩人都可以拿到經營管理簽證嗎？

原則上，一間公司拿經營管理簽證的，就一個人。如果你和朋友共同創業，想要兩個人都拿經營管理簽證，資本額就必須加倍，因此建議兩人以上共同創業的情況，其中一人當社長拿經營管理簽證，另一位就當職員拿工作簽證。另外，有個概念必須釐清，並不是出資的股東就一定得要當董事（取締役），這跟台灣一樣。公司經營者跟公司股東是完全不同的兩個角色，因此三個人共同出資，三位股東，但另外兩位不當董事也是可以的。

不過如果你往後有想要申請永住權或者是歸化為日本國籍的話，就要特別留意，屆時永住或歸化審核時，審查官員會對於拿「經營管理簽證」的人更嚴格，需要提交的文件也很繁複。因此兩人合開公司時，誰要當老闆，取得經營管理簽證，誰要當員工，取得工作簽證，就得事先思好你們將來的生涯規劃。

問 18：公司的資本額越高越好嗎？

雖然說要申請經營管理簽證的公司，資本額一定要超過 500 萬日圓，但資本額可不是越高越好。

一般我們在台灣做生意，賣東西時，需要繳交營業稅，這項稅金是買東西的人所支付的，只不過是在交易時，暫時由商家代為徵收後，再上繳國稅。在日本，這條稅金就稱之為消費稅。比起台灣 5% 的營業稅，日本的消費稅為 10%，相當高。雖然這筆錢名義上是從客戶那裡取得，但就客戶的角度而言，買東西是看總價，他才不管你什麼消費稅不消費稅。也就是說，消費稅會影響你物品的定價，也會影響你事業的收益。

　　日本政府為了鼓勵新創事業，對於年營業額（売り上げ）沒有超過 1,000 萬日圓的業者，不徵收消費稅。雖然說可以免納消費稅，但是這樣的免稅業者還是可以合法地從客戶那裡收取 10% 的消費稅，然後不用繳，因此算是對新設公司一個很大的福利。但一旦你有一年度的年營業額超過了 1,000 萬日圓，你下下一個事業年度（隔兩年後），就會變成「消費稅課稅業者」，這筆消費稅到時就得乖乖上繳國庫了。

　　但如果你創業初始，光是資本額就已經超過了 1,000 萬日圓，那很抱歉，你會直接「升等」為消費稅課稅業者。完全沒有可以節省消費稅的餘地，因此建議創立公司時，資本額不要超過 1,000 萬日圓。

　　如果你的事業一開始就需要很多資金，然後慢慢回收的那種。例如旅館業或需要裝潢豪華店面之類的，那建議你不要以資本金的方式，改以向股東或社長借錢的方式來籌措資金。日後公司賺錢回收後，再將這筆款項還給股東或社長。這樣做的好處，就是公司償還給社長的借款，本金部分就可以不用繳所得稅，而且社長還可以向公司收取利息喔！

問 19：做生意需要營業許可嗎？

　　有些行業需要許認可，甚至需要有證照。並不是你想開什麼店都可以開。像是開中古二手店，你就得去警察署申請古物商的許可。如果想要做房仲店，你甚至還需要有合法的不動產經紀人證照，才可以向都道府縣政府或者國土交通省申請宅建業執照。從事餐飲業，則是需要符合一定的規定，並且向保健所申請營業許可。開免稅店則是要向稅務署申請、旅行業也必須事先登錄 … 等。

　　如果你想要從事這類需要許認可的行業，設立公司前，就必須就在公司章程上先記載。然後申請簽證「前」，就要先申請好營業許可。

　　公司設立登記時，在章程上列入預計要從事的營業項目時，尚不需要有營業許可證照。等到正式營運後，若想要從事這方面的事業，才需要申請營業許可。也就是說，你可以先創立空司，然後前幾年先做不需要許可以及證照的行業，等到過了幾年，你考到了證照，又或者是找到有證照的員工時，再去申請許認可即可。等確認許可下來後再開始從事該項業務。

　　舉個敝公司的例子。不動產「仲介」業需要宅建業者的證照，但不動產「管理」業不需要。當初我們設立公司時，打算做自己的資產管理公司，自己投資物件，同時幫助熟悉的朋友客戶們「管理」在東京的收租資產。將來也有預計到幫客戶做仲介出租、買賣的事業。但由於當時我還沒有不動產經紀人證照，因此公司不能做有關於仲介的業務，只能幫客戶管理收租。如果客戶的房客退租了，就必須要找合法的業者來幫他出租。一直到過了公司設立一年後，我考過了宅建士的證照，公司才可以去申請宅建業者的執照，開始從事仲介業務。

　　但當初開業時，我們編寫公司章程時，除了寫下不動產管理業以外，也有寫入不動產仲介業。先寫進去並沒關係，但不能做。想要做，就要在做之前取得許認可。不然就是違法喔！

問 20：將來打算申請永住或歸化，要留意什麼事？

最後，我們來談談，若你將來打算申請永住或歸化，必須要留意的幾件事。

公司業務開始之後，就會面臨需要繳交高額的厚生年金保險的問題。有許多經營者為了省錢，耍小聰明，故意不繳厚生年金。雖然短期內簽證可能不成問題，但一旦想要申辦永住或歸化時，沒繳年金，就會被認定是沒有意思要長期留在日本，且沒繳年金也等於是不守法令。因此若有長期留在日本的打算，一開始這筆費用就不要逃，乖乖繳納。

此外，若是要申請歸化，則必須具有一定的日文能力（大概是日文檢定 N3 程度或者是日本國小三年級左右的程度）。申請歸化時，本人必須與法務局的官員一對一面試，若他認為你的日文能力不佳，溝通有問題，他就會要求你接受日語考試。若考試不合格，歸化核准的可能性將會很低。如果你的日文能力不好，建議來日之後，好好加強自己的日文能力。除了多與日本人接觸溝通、練習會話外，也請多加利用敝公司想閱文化所出版的日語教材《穩紮穩打！新日本語能力試驗》系列，保證可以讓你打穩日語基礎！

另外，無論是永住還是歸化，「素行要件」都是一項很重要的要素。日常生活，除了小心別犯法以外，最好連交通上的違規都不要。因此有許多將來打算申辦永住或歸化的人，來日本後就乾脆連車子都不開了，以免遇上事故，留下不良的紀錄。

最後，感謝各位購買本書，也祝各位讀者能夠在日本買到理想的房屋，並開啟全新的幸福人生。

不動產 - 02

日本買房大哉問

編　　　　　著	TiN
排 版 設 計	想閱文化有限公司
總　　編　　輯	陳郁屏
發　　行　　人	陳郁屏
插　　　　　圖	想閱文化有限公司
出 版 發 行	想閱文化有限公司
	屏東市 900 復興路 1 號 3 樓
	電話：(08)732 9090
	Email：cravingread@gmail.com
總　　經　　銷	大和書報圖書股份有限公司
	新北市 242 新莊區五工五路 2 號
	電話：(02)8990 2588
	傳真：(02)2299 7900
初　　　　　版	2022 年 09 月
定　　　　　價	480 元
I　S　B　N	978-626-96566-1-5

國家圖書館出版品預行編目 (CIP) 資料

日本買房大哉問 : 在地專家為你解答投資者最關心的 50 個疑問 /
TiN 著 . -- 初版 . -- 屏東市 : 想閱文化有限公司 , 2022.09
　　面 ；　公分 . -- (不動產 ; 2)
ISBN 978-626-96566-1-5(平裝)

1.CST: 不動產業 2.CST: 投資 3.CST: 問題集 4.CST: 日本

554.89022　　　　　　　　　　111014302